Scoprire i Giochi Gratuiti Online

Disponibile Qui:

**BestActivityBooks.com/FREEGAMES**

# 5 CONSIGLI PER INIZIARE

## 1) COME RISOLVERE LE PAROLE INTRECCIATTE

I puzzle hanno un formato classico:

* Le parole sono nascoste senza spazi o trattini,...
* Orientamento: Le parole possono essere scritte in avanti, indietro, verso l'alto, verso il basso o in diagonale (possono essere invertite).
* Le parole possono sovrapporsi o intersecarsi.

## 2) APPRENDIMENTO ATTIVO

Accanto ad ogni parola c'è uno spazio per scrivere la traduzione. Per incoraggiare l'apprendimento attivo, un **DIZIONARIO** alla fine di questa edizione vi permetterà di controllare e ampliare le vostre conoscenze. Cerca e scrivi le traduzioni, trovale nel puzzle e aggiungile al tuo vocabolario!

## 3) SEGNARE LE PAROLE

Puoi inventare il tuo sistema di segni. Forse ne usi già uno? Per esempio, puoi segnare le parole difficili da trovare con una croce, le parole preferite con una stella, le parole nuove con un triangolo, le parole rare con un diamante, e così via.

## 4) STRUTTURARE L'APPRENDIMENTO

Questa edizione offre un **TACCUINO** alla fine del libro. In vacanza, in viaggio o a casa, puoi organizzare facilmente le tue nuove conoscenze senza bisogno di un secondo quaderno!

## 5) AVETE FINITO TUTTE LE GRIGLIE?

Nelle ultime pagine di questo libro, nella sezione della **SFIDA FINALE**, troverete un gioco gratuito!

**Facile e veloce!** Dai un'occhiata alla nostra collezione di libri di attività per il tuo prossimo momento di divertimento e **apprendimento,** a portata di clic!

Trova la tua prossima sfida su:

BestActivityBooks.com/MioProssimoLibro

# Ai vostri posti, pronti...Via!

Sapevi che ci sono circa 7.000 lingue diverse nel mondo? Le parole sono preziose.

Amiamo le lingue e abbiamo lavorato duramente per creare libri di altissima qualità. I nostri ingredienti?

Una selezione di argomenti adatti all'apprendimento, tre buone porzioni di intrattenimento, una cucchiaiata di parole difficili e una spolverata di parole rare. Li serviamo con amore e entusiasmo in modo che tu possa risolvere i migliori giochi di parole e divertirti imparando!

-------

La vostra opinione è essenziale. Puoi partecipare attivamente al successo di questo libro lasciandoci un commento. Ci piacerebbe sapere cosa ti è piaciuto di più di questa edizione.

Ecco un link veloce alla pagina dell'ordine:

BestBooksActivity.com/Recensione50

Grazie per il vostro aiuto e buon divertimento!

*Tutta la squadra*

# 1 - Scacchi

| | | | | | | | | | | | | | | |
|---|---|---|---|---|---|---|---|---|---|---|---|---|---|---|
| เ | จ | ใ | ษ | ว | จ | จ | ฟ | ะ | ก | ง | ด | น | ค | ฝ |
| บ | ส | พ | ล | ถ | ณ | ธ | อ | พ | ล | ธ | ถ | ษ | ◌ู | ถ |
| ผ | ณ | ◌้ | ง | ส | ฝ | ด | ค | ย | ย | ธ | ต | เ | ◌่ | ษ |
| ◌ู | ล | ไ | น | ศ | ห | ว | ศ | า | ◌ุ | ว | ด | ญ | แ | ษ |
| ◌้ | ก | ห | น | ท | ล | อ | น | ท | ท | ย | พ | ก | ข | ด |
| เ | ใ | ฎ | แ | ◌ิ | แ | ฝ | ข | า | ธ | ข | ม | ภ | ◌่ | ส |
| ล | ร | ะ | ะ | ◌ุ | ป | ย | ◌ั | ◌้ | ◌์ | ถ | ไ | ใ | ง | ว |
| ◌่ | ◌ู | ม | ค | อ | จ | ◌์ | ง | ท | เ | ว | ล | า | เ | เ |
| น | ◌ี | ว | ค | ด | ฉ | ร | ◌่ | ม | แ | ธ | น | ว | ร | ก |
| ส | ◌ี | ด | ◌ำ | ภ | แ | ◌ิ | ข | า | ◌ุ | ท | ย | ไ | ◌ี | ม |
| ห | ร | า | ฟ | ฟ | ช | ต | แ | ว | ง | ม | ถ | ถ | ย | ฟ |
| น | ก | ล | ย | ข | ม | ◌ั | ร | ค | ด | ญ | แ | ค | น | ญ |
| ร | ะ | ฉ | ณ | า | ป | ษ | า | ใ | ณ | ง | ฟ | ผ | ร | า |
| ว | ซ | ภ | ล | ว | ◌์ | ก | ก | ข | จ | ม | ผ | ด | ◌ู | แ |
| ใ | พ | ธ | ห | ธ | า | บ | ง | ม | ท | ก | ธ | ธ | ◌้ | ไ |

คู่แข่ง
ขาว
แชมป์
เส้นทแยงมุม
ผู้เล่น
เกม
ฉลาด
สีดำ
รู
เรียนรู้
คะแนน
กษัตริย์
ควีน
กฎ
อุทิศ
ความท้าทาย
กลยุทธ์
เวลา
การแข่งขัน

# 2 - Salute e Benessere #2

| | | | | | | | | | | | | | | |
|---|---|---|---|---|---|---|---|---|---|---|---|---|---|---|
| ก | ว | ◌ิ | ต | า | ม | ◌ิ | น | ผ | ต | พ | ส | โ | พ | ข |
| า | ด | น | ว | ด | ◌ำ | ม | แ | ว | ฉ | ล | ◌ุ | ภ | ◌ั | ญ |
| ร | ง | ฉ | ง | ศ | ◌้ | ย | ข | ถ | ค | ◌ั | ข | ช | น | ฉ |
| ย | ว | ศ | อ | แ | น | ภ | ◌็ | ม | พ | ง | อ | น | ธ | ก |
| ◌่ | ล | า | บ | า | ย | พ | ง | ร | โ | ง | น | า | ◌ุ | า |
| อ | ไ | ม | ว | แ | า | ◌้ | แ | า | ฟ | า | า | ก | ศ | ร |
| ย | ท | ณ | ถ | ฉ | ค | แ | ร | ห | ญ | น | ม | า | า | ก |
| ะ | ษ | ส | เ | ป | ร | ม | ง | า | ผ | ค | ◌ั | ร | ส | ◌ู |
| ห | ภ | ช | ศ | ข | า | ◌ิ | อ | อ | ท | ม | ย | ญ | ต | ◌้ |
| ะ | ฉ | อ | า | ม | ก | ◌ู | พ | ภ | ษ | ห | ถ | ย | ร | ค |
| โ | ร | ค | ศ | ม | ท | ภ | ซ | ฝ | ฝ | ว | ช | ฟ | ◌์ | ◌ื |
| ก | า | ร | ต | ◌ิ | ด | เ | ช | ◌ื | ◌้ | อ | พ | ด | อ | น |
| เ | ล | ◌ื | อ | ด | ด | ง | ค | น | ◌้ | ◌ำ | ห | น | ◌ั | ก |
| ค | ว | า | ม | ก | ร | ะ | ห | า | ย | ธ | ซ | า | ก | ษ |
| ร | ◌่ | า | ง | ก | า | ย | แ | ค | ล | อ | ร | ◌ี | ◌่ | จ |

ภูมิแพ้
ความกระหาย
แคลอรี่
ร่างกาย
อาหาร
การย่อย
การคายน้ำ
พลังงาน
พันธุศาสตร์
สุขอนามัย

การติดเชื้อ
โรค
นวด
โภชนาการ
โรงพยาบาล
น้ำหนัก
การกู้คืน
เลือด
แข็งแรง
วิตามิน

# 3 - Aggettivi #2

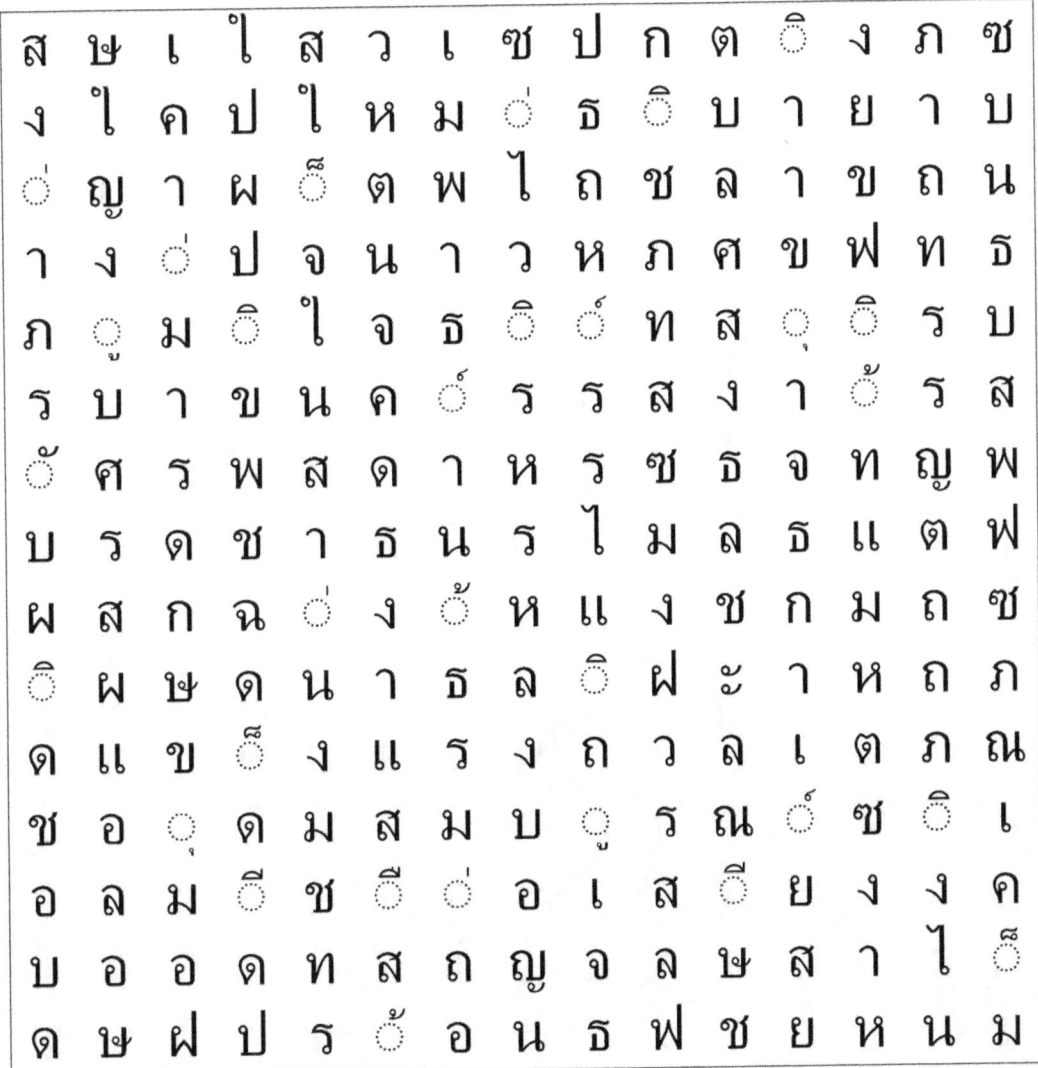

| | | | | | | | | | | | | | | |
|---|---|---|---|---|---|---|---|---|---|---|---|---|---|---|
| ส | ษ | เ | ใ | ส | ว | เ | ซ | ป | ก | ต | ◌ิ | ง | ภ | ซ |
| ง | ไ | ค | ป | ใ | ห | ม | ◌่ | ธ | ◌ิ | บ | า | ย | า | บ |
| ◌่ | ญ | า | ผ | ◌็ | ต | พ | ไ | ถ | ช | ล | า | ข | ถ | น |
| า | ง | ◌่ | ป | จ | น | า | ว | ห | ภ | ศ | ข | ฟ | ท | ธ |
| ภ | ◌ู | ม | ◌ิ | ใ | จ | ธ | ◌ิ | ◌์ | ท | ส | ◌ุ | ◌ิ | ร | บ |
| ร | บ | า | ข | น | ค | ◌์ | ร | ร | ส | ง | า | ◌้ | ร | ส |
| ◌ั | ศ | ร | พ | ส | ด | า | ห | ร | ซ | ธ | จ | ท | ญ | พ |
| บ | ร | ด | ช | า | ธ | น | ร | ไ | ม | ล | ธ | แ | ต | ฟ |
| ผ | ส | ก | ฉ | ◌่ | ง | ◌้ | ห | แ | ง | ช | ก | ม | ถ | ซ |
| ◌ิ | ผ | ษ | ด | น | า | ธ | ล | ◌ิ | ฝ | ะ | า | ห | ถ | ภ |
| ด | แ | ข | ◌็ | ง | แ | ร | ง | ถ | ว | ล | เ | ต | ภ | ณ |
| ช | อ | ◌ุ | ด | ม | ส | ม | บ | ◌ู | ร | ณ | ◌์ | ซ | ◌ิ | เ |
| อ | ล | ม | ◌ี | ช | ◌ื | ◌่ | อ | เ | ส | ◌ี | ย | ง | ง | ค |
| บ | อ | อ | ด | ท | ส | ถ | ญ | จ | ล | ษ | ส | า | ไ | ◌็ |
| ด | ษ | ฝ | ป | ร | ◌้ | อ | น | ธ | ฟ | ช | ย | ห | น | ม |

หิว
แห้ง
แท้
ร้อน
สร้างสรรค์
ธิบาย
หวาน
ดราม่า
สง่า
มีชื่อเสียง
น่าสนใจ
เป็นธรรมชาติ
ปกติ
ใหม่
ภูมิใจ
อุดมสมบูรณ์
บริสุทธิ์
รับผิดชอบ
เค็ม
แข็งแรง

# 4 - Ingegneria

| | | | | | | | | | | | | | | |
|---|---|---|---|---|---|---|---|---|---|---|---|---|---|---|
| ก | เ | ค | ร | ื | ่ | อ | ง | จ | ั | ก | ร | ข | า | แ |
| น | า | ณ | ฝ | ห | ว | ก | เ | ส | ม | า | แ | ล | ก | ผ |
| น | ง | ร | แ | ม | ว | ด | ก | ฟ | ส | ก | ป | ม | า | น |
| ง | ส | ศ | ค | ก | า | า | ี | ล | ซ | เ | ี | ด | ร | ภ |
| า | ก | บ | ค | ำ | น | ช | ย | ก | จ | ค | ซ | ษ | ก | า |
| ธ | ค | ั | ร | ไ | น | ท | ร | ง | พ | ร | บ | ข | ่ | พ |
| พ | ฝ | ข | ท | ไ | ศ | ว | ์ | า | ซ | ื | ไ | ผ | อ | ค |
| ข | อ | ง | เ | ห | ล | ว | ณ | ้ | ห | ่ | ษ | พ | ส | ท |
| ก | า | ร | ห | ม | ุ | น | ร | ร | ฟ | อ | ข | ค | ร | จ |
| ผ | เ | แ | ธ | อ | ุ | า | า | ส | ร | ง | ค | ว | ้ | ไ |
| ก | า | ร | ว | ั | ด | ม | แ | ง | ล | ย | ภ | า | า | า |
| ค | ั | น | โ | ย | ก | ก | ล | ร | ท | น | ไ | ม | ง | ไ |
| ค | ว | า | ม | ม | ั | ่ | น | ค | ง | ต | ป | ล | ห | ศ |
| พ | ล | ั | ง | ง | า | น | ไ | โ | จ | ์ | ส | ึ | ต | ด |
| ร | น | ย | ก | า | ร | ก | ร | ะ | จ | า | ย | ก | น | ณ |

มุม
แกน
การคำนวณ
การก่อสร้าง
แผนภาพ
ดีเซล
การกระจาย
พลังงาน
แรง
เกียร์
คันโยก
ของเหลว
เครื่องจักร
การวัด
เครื่องยนต์
ความลึก
แรงขับ
การหมุน
ความมั่นคง
โครงสร้าง

# 5 - Archeologia

| | | | | | | | | | | | | | | |
|---|---|---|---|---|---|---|---|---|---|---|---|---|---|---|
| ผ | ไ | ท | ข | อ | ค | ไ | ข | ไ | โ | ศ | น | ค | ส | ศ |
| ◌ู | ธ | ม | ถ | อ | ว | ◌ั | ด | า | บ | ไ | ◌ั | ไ | ม | า |
| ◌้ | ฉ | ◌ี | ◌่ | า | ง | ไ | ถ | ส | ร | ซ | ก | ห | ◌ั | ส |
| เ | ล | ล | า | ท | ถ | ท | ล | ต | า | ง | ว | ธ | ย | ต |
| ช | ณ | ศ | อ | ญ | ร | ข | ◌ี | ณ | ณ | ล | ◌ิ | ผ | โ | ร |
| ◌ี | ล | จ | ม | ย | เ | า | ร | ◌่ | ซ | ฝ | จ | ก | บ | า |
| ◌่ | อ | ◌ู | น | ไ | น | ษ | บ | ว | ร | ค | ◌ั | ท | ร | จ |
| ย | า | บ | ก | ย | ◌ุ | ค | ณ | ช | ก | ะ | ย | ◌ี | า | า |
| ว | ร | ก | ต | ห | ก | ร | ะ | ด | ◌ู | ก | ล | ม | ณ | ร |
| ช | ย | ว | ง | ษ | ล | ะ | ค | อ | ฉ | ท | บ | ◌ึ | ภ | ย |
| า | ธ | ◌ั | ด | บ | ย | า | ง | ป | ซ | ษ | ธ | ซ | ก | ◌์ |
| ญ | ร | ต | ป | ผ | ร | ซ | น | า | ช | แ | ต | ส | ฟ | ด |
| ศ | ร | ถ | ค | ว | า | ม | ล | ◌ึ | ก | ล | ◌ั | บ | ม | ข |
| ณ | ม | ◌ุ | ห | ล | ◌ุ | ม | ฝ | ◌ั | ง | ศ | พ | ณ | ว | า |
| ฟ | อ | ส | ซ | ◌ิ | ล | ฝ | ส | ฉ | ง | ะ | ถ | ล | ภ | ฟ |

สมัยโบราณ
โบราณ
อารยธรรม
ลืม
ลูกหลาน
ยุค
ผู้เชี่ยวชาญ
ฟอสซิล
ความลึกลับ

วัตถุ
กระดูก
ศาสตราจารย์
ของที่ระลึก
นักวิจัย
ไม่ทราบ
ทีม
วัด
หลุมฝังศพ

# 6 - Salute e Benessere #1

| | | | | | | | | | | | | | | |
|---|---|---|---|---|---|---|---|---|---|---|---|---|---|---|
| ก | ส | ย | ถ | พ | ส | ส | ถ | ด | ไ | น | ว | ก | ญ | เ |
| น | า | ะ | ค | ช | ย | ส | ก | น | ไ | ง | ล | า | ย | ส |
| ◌ิ | ค | ร | ท | ข | เ | ไ | ภ | ศ | บ | า | ◌่ | ร | ผ | ◌้ |
| ◌ิ | ไ | ว | ร | ◌้ | ย | ร | ◌ี | เ | ◌ี | ท | ค | บ | แ | น |
| ล | ว | ย | า | ◌ั | อ | ภ | ฉ | แ | ภ | า | แ | ◌ำ | ก | ป |
| ค | ร | า | ท | ม | ก | น | ป | ต | น | ◌่ | ง | บ | ล | ร |
| ศ | ◌ั | ล | อ | ไ | ส | ษ | า | ก | ส | ท | อ | ◌ั | ◌้ | ะ |
| ษ | ส | ค | เ | ค | ข | ◌ู | า | ห | ย | ส | ◌่ | ด | า | ส |
| อ | น | น | ผ | า | า | ญ | ง | ◌ั | ณ | ฟ | ล | ธ | ม | า |
| ห | ม | อ | ◌ิ | พ | ช | ม | ด | ก | ย | ย | ค | ศ | เ | ท |
| ถ | โ | ◌่ | ว | เ | ไ | ณ | ช | ถ | ส | ห | ซ | ล | น | ก |
| ว | ◌์ | ผ | ะ | น | อ | ก | า | ม | ◌ั | ผ | ธ | ภ | ◌ี | ร |
| า | ร | แ | ส | ค | ว | า | ม | ห | ◌ิ | ว | ะ | ผ | ◌้ | ม |
| ภ | อ | ะ | ฝ | า | ย | ย | า | ข | น | า | ◌้ | ร | อ | เ |
| ผ | ฮ | ษ | ค | ด | ซ | ญ | น | น | ณ | พ | ซ | ห | า | ษ |

นิสัย
ความสูง
คล่องแคล่ว
แบคทีเรีย
คลินิก
ความหิว
ร้านขายยา
แตกหัก
ยา
หมอ
กล้ามเนื้อ
เส้นประสาท
ฮอร์โมน
ผิว
ท่าทาง
สะท้อน
ผ่อนคลาย
การบำบัด
การรักษา
ไวรัส

# 7 - Aggettivi #1

| | | | | | | | | | | | | | | |
|---|---|---|---|---|---|---|---|---|---|---|---|---|---|---|
| ถ | ซ | ใ | จ | ด | อ | แ | ค | ม | อ | ห | ช | ใ | เ | ห |
| ล | ค | ท | ห | ญ | ผ | ใ | เ | ม | ◌ี | ผ | ม | ไ | ห | น |
| ถ | ส | ต | ท | ญ | พ | ข | ศ | ไ | น | ค | น | ข | ม | ◌ุ |
| เ | อ | ณ | ห | ป | ◌่ | ฝ | ศ | ฝ | ฝ | ซ | ◌่ | ภ | ◌ี | ◌่ |
| ซ | เ | ณ | ช | ซ | น | ศ | พ | ก | ฝ | ฉ | อ | า | อ | ม |
| ย | า | ว | ษ | ส | ล | ม | ◌ิ | ◌ึ | ช | ถ | จ | ฟ | น | ส |
| บ | น | แ | น | ◌่ | น | อ | น | ล | ข | า | ห | ไ | ก | า |
| ส | ม | บ | ◌ู | ร | ณ | ◌์ | ณ | ม | ป | ห | น | บ | ◌ั | ว |
| แ | ป | ล | ก | ใ | ห | ม | ◌่ | ศ | ญ | ะ | ◌ั | ใ | น | ผ |
| ศ | ษ | ภ | ห | ช | ซ | ง | ข | ฟ | า | ม | ก | จ | เ | ห |
| ศ | ป | ส | ฉ | ◌้ | ท | ◌ั | น | ส | ม | ◌ั | ย | ก | ถ | ไ |
| อ | ษ | ล | ว | า | ส | ◌ำ | ค | ◌ั | ญ | ย | ณ | ว | ม | ธ |
| ท | ะ | เ | ย | อ | ท | ะ | ย | า | น | ล | ก | ◌้ | บ | น |
| ค | ล | ◌่ | อ | ง | แ | ค | ล | ◌่ | ว | ใ | ซ | า | ต | ง |
| ห | ธ | ซ | ◌ี | ◌่ | อ | ส | ◌ั | ต | ย | ◌์ | ช | ง | า | บ |

ทะเยอทะยาน
หอม
ศิลปะ
แน่นอน
คล่องแคล่ว
แปลกใหม่
ใจกว้าง
หนุ่มสาว
ใหญ่
เหมือนกัน
สำคัญ
ช้า
ยาว
ทันสมัย
ซื่อสัตย์
สมบูรณ์
หนัก
มีค่า
ลึก
บาง

# 8 - Geologia

| | | | | | | | | | | | | | | |
|---|---|---|---|---|---|---|---|---|---|---|---|---|---|---|
| ม | ฟ | พ | เ | ช | ว | ห | ไ | น | ด | ◌ิ | น | ◌่ | ผ | แ |
| ย | อ | ธ | ส | ◌ั | ฉ | ◌ิ | ธ | ต | ห | ◌ิ | น | ร | ภ | ◌์ |
| ◌ี | ผ | ข | ห | ◌้ | ผ | น | ฝ | ไ | ◌ุ | ต | ย | ไ | ป | ซ |
| ซ | ด | น | บ | น | ะ | ง | ส | ◌ู | บ | า | ร | ◌่ | ◌ี | ท |
| เ | ย | ก | ง | ล | บ | อ | ◌ื | ล | ก | เ | ธ | ม | ว | อ |
| ล | ◌์ | ต | ษ | ด | ร | ก | ไ | ญ | ซ | ด | ฟ | ◌่ | ท | ว |
| ค | ร | ◌ิ | ส | ต | ◌ั | ล | ง | ว | ง | ส | น | ร | ร | ค |
| แ | อ | ภ | ไ | ป | ถ | ป | ะ | ก | า | ร | ◌ั | ง | ฟ | แ |
| เ | ซ | ญ | ◌ู | ไ | ◌้ | ห | ◌ิ | น | ย | ◌้ | อ | ย | อ | บ |
| ฟ | เ | แ | ย | เ | ◌ำ | ช | ฝ | ถ | อ | พ | ม | ฉ | ส | ภ |
| ฝ | ก | ฟ | ล | แ | ข | ค | ฉ | พ | ฉ | ◌่ | ช | ภ | ซ | บ |
| จ | ไ | ข | า | พ | ณ | า | ต | ศ | ล | ซ | ร | ไ | ◌ิ | ภ |
| ล | แ | ฝ | ว | พ | ณ | ธ | ไ | ช | ญ | ข | อ | ถ | ล | ย |
| ญ | ถ | ง | า | ศ | อ | ป | ป | ฟ | เ | า | ล | า | แ | ผ |
| น | ส | ด | ศ | ณ | ง | ต | เ | า | ซ | ง | ส | ส | เ | ญ |

กรด
ที่ราบสูง
แคลเซียม
ถ้ำ
ทวีป
ปะการัง
คริสตัล
ร่อน
ฟอสซิล
ไกเซอร์
ลาวา
แร่ธาตุ
หิน
ควอทซ์
เกลือ
หินงอก
หินย้อย
ชั้น
แผ่นดินไหว
ภูเขาไฟ

# 9 - Campeggio

| | | | | | | | | | | | | | | |
|---|---|---|---|---|---|---|---|---|---|---|---|---|---|---|
| พ | ธ | ถ | ป | พ | ย | แ | ต | ฟ | ก | ล | ก | เ | ข | ร |
| ญ | ข | น | ภ | ◌่ | ป | ษ | ถ | า | า | ◌่ | า | ส | ต | ฉ |
| ผ | เ | ฝ | แ | ◌ี | ไ | ม | ผ | ภ | ง | า | ร | ต | ม | ฝ |
| ธ | ฟ | ไ | อ | ท | ส | น | ◌ุ | ก | ไ | ส | ผ | เ | ◌้ | ท |
| ส | ร | ◌์ | ท | น | ◌ั | จ | ง | ว | ด | ◌ั | จ | ช | ไ | ก |
| ว | ◌ั | ร | ท | ผ | จ | น | ห | บ | ผ | ต | ญ | ◌ี | น | ฟ |
| ง | ภ | ต | ม | แ | ภ | น | ม | ฝ | ณ | ว | ภ | อ | ◌้ | แ |
| ล | ◌ู | ว | ว | ช | ค | า | ณ | แ | ศ | ◌์ | ◌ั | ก | ต | ค |
| ะ | เ | ฝ | ซ | ◌์ | า | ณ | ว | ม | เ | ฉ | ย | ไ | ส | น |
| ป | ข | ง | ส | ม | ช | ต | ญ | ล | ข | ค | ซ | ษ | ก | ◌ู |
| ◌่ | า | ล | ย | ษ | ส | ภ | ◌ิ | ง | ◌็ | ญ | ณ | ฟ | ภ | ฝ |
| า | ท | ะ | เ | ล | ส | า | บ | ซ | ม | ร | ฟ | พ | า | ศ |
| ห | ม | ว | ก | ส | พ | ผ | า | ข | ท | ◌์ | น | ◌็ | ต | เ |
| ห | ◌้ | า | ง | ไ | ศ | ม | า | ว | ◌ิ | ผ | ไ | ท | ง | ป |
| เ | ป | ล | ญ | ว | น | ผ | ภ | ว | ศ | ษ | พ | ง | ญ | ป |

ต้นไม้
เปลญวน
สัตว์
การผจญภัย
เข็มทิศ
ห้าง
ล่าสัตว์
แคนู
หมวก
เชือก

สนุก
ป่า
ไฟ
แมลง
ทะเลสาบ
ดวงจันทร์
แผนที่
ภูเขา
ธรรมชาติ
เต็นท์

# 10 - Tempo

| | | | | | | | | | | | | | | |
|---|---|---|---|---|---|---|---|---|---|---|---|---|---|---|
| ท | น | ภ | ช | ห | ฉ | ษ | ร | ร | ว | ศ | ท | อ | เ | ไ |
| ฟ | า | แ | ว | ล | เ | ถ | ส | ษ | ส | ต | ว | ◌ั | น | ว |
| ญ | ฬ | ร | ญ | ◌ั | ษ | ด | บ | ย | พ | ว | ผ | ป | เ | ◌ั |
| ต | ◌ิ | ห | พ | ง | ล | จ | ◌ี | ธ | ถ | ร | บ | ร | ม | น |
| ศ | ก | ต | ต | จ | ม | ม | ธ | อ | ธ | ร | ก | ะ | ◌ี | น |
| ะ | า | เ | ท | า | เ | โ | ท | ไ | น | ษ | ล | จ | ◌่ | ◌ี |
| ต | ◌้ | ธ | แ | ก | ภ | ◌ี | ว | ว | า | อ | า | ◌ำ | อ | ◌้ |
| ษ | ช | เ | บ | พ | เ | ท | ◌ี | ◌่ | ย | ง | ง | ป | ว | ฝ |
| ไ | เ | บ | เ | ห | ◌์ | า | ด | ป | ◌ั | ส | ค | ◌ี | า | ฉ |
| เ | ห | ง | ถ | เ | ศ | น | อ | ◌่ | ก | ช | ◌ื | ม | น | ค |
| ร | พ | ส | ณ | า | อ | น | า | ค | ต | ด | น | ฝ | ข | ค |
| ะ | น | ท | ไ | จ | ฉ | ษ | ภ | ช | ข | ป | ◌ี | ด | ะ | ม |
| ไ | า | ะ | ญ | ธ | ส | ก | ฉ | ภ | ก | ฉ | ห | ไ | ช | ฟ |
| ต | ส | ข | ศ | แ | ง | ษ | ท | ษ | จ | ป | ม | ท | ณ | ศ |
| ไ | น | ไ | ม | ◌่ | ช | ◌้ | า | ป | ฏ | ◌ิ | ท | ◌ิ | น | ฉ |

ปี
ประจำปี
ปฏิทิน
ทศวรรษ
หลังจาก
อนาคต
วัน
เมื่อวาน
เช้า
เดือน
เที่ยง
นาที
กลางคืน
วันนี้
ชั่วโมง
นาฬิกา
ในไม่ช้า
ก่อน
ศตวรรษ
สัปดาห์

# 11 - Astronomia

| | | | | | | | | | | | | | | |
|---|---|---|---|---|---|---|---|---|---|---|---|---|---|---|
| ด | ก | จ | ซ | ศ | า | ก | ว | อ | น | บ | ◌ิ | ก | ◌ั | น |
| ฝ | ฟ | ง | ษ | อ | จ | ◌ั | ก | ร | ร | า | ศ | ◌ี | ป | ◌ั |
| ห | อ | ด | ◌ู | ด | า | ว | ญ | ร | ซ | ซ | ด | ก | พ | ก |
| แ | ร | ง | โ | น | ◌้ | ม | ถ | ◌่ | ว | ง | า | า | ด | ด |
| ร | ◌ั | ง | ส | ◌ี | ภ | ข | ภ | น | ด | โ | ว | แ | า | า |
| ด | า | ว | เ | ค | ร | า | ะ | ห | ◌์ | ล | ต | ล | ว | ร |
| แ | ส | ง | อ | า | ท | ◌ิ | ต | ย | ◌์ | ก | ก | ก | เ | า |
| ก | ล | ◌ุ | ◌่ | ม | ด | า | ว | ว | ต | ร | ร | ซ | ท | ศ |
| า | ล | ว | ◌ิ | บ | น | เ | ย | แ | ◌ั | น | น | ◌ี | ◌ี | า |
| ฉ | า | ฟ | ◌้ | ง | อ | ◌้ | ท | ไ | ช | ษ | ว | ◌่ | ย | ส |
| ด | ว | ง | จ | ◌ั | น | ท | ร | ◌์ | ถ | อ | ◌ุ | ฟ | ม | ต |
| ว | ร | ค | ถ | ด | ภ | ษ | ค | ษ | ธ | ฟ | ท | ◌ิ | บ | ร |
| ร | ก | ซ | ◌ู | เ | ป | อ | ร | ◌์ | โ | น | ว | า | ว | ◌์ |
| จ | ◌ั | ค | ไ | ห | ป | ถ | เ | ท | ร | ล | ล | ย | ห | ท |
| ค | จ | จ | ข | ฝ | ญ | ว | พ | ฝ | บ | ท | ม | ร | ณ | ญ |

นักบินอวกาศ
นักดาราศาสตร์
ท้องฟ้า
กลุ่มดาว
วิษุวัต
กาแลกซี่
แรงโน้มถ่วง
ดวงจันทร์
ดาวตก
เนบิวลา
หอดูดาว
ดาวเคราะห์
รังสี
จรวด
ดาวเทียม
แสงอาทิตย์
ซุเปอร์โนวา
โลก
จักรวาล
จักรราศี

# 12 - Algebra

| | | | | | | | | | | | | | | |
|---|---|---|---|---|---|---|---|---|---|---|---|---|---|---|
| ม | ฝ | ศ | น | ส | ◌ั | เ | ง | ◌ิ | ช | เ | ร | ว | ถ | ห |
| ผ | ร | ย | ก | พ | ศ | ต | ม | ท | ช | ฉ | จ | ว | ว | ย |
| ญ | ฝ | ย | ช | ภ | ข | ป | บ | ต | ก | ต | ค | ะ | ฝ | ป |
| า | ค | ไ | น | ถ | อ | ข | บ | ธ | ร | ต | ◌ู | ส | ร | ◌ั |
| ฝ | ภ | เ | ย | ย | ส | ย | บ | ซ | ร | ◌ิ | ผ | ย | ป | จ |
| ธ | ฟ | ซ | ไ | จ | จ | า | ะ | ธ | จ | ป | ก | ฉ | ฉ | จ |
| ว | ง | เ | ล | ◌็ | บ | ล | ร | า | ก | แ | ท | ซ | ม | ◌ั |
| แ | ป | น | น | ท | ถ | ะ | ส | ค | ธ | ผ | ไ | ◌ำ | ◌์ | ย |
| ผ | ก | ญ | า | เ | เ | ล | น | ต | ◌์ | น | ◌ั | น | อ | ศ |
| น | เ | ร | ต | ญ | ศ | ร | ถ | ซ | น | ก | ง | ท | ร | ◌ู |
| ภ | ร | ผ | า | ม | ษ | า | ค | บ | ร | ผ | น | แ | บ | น |
| า | ษ | ณ | ห | ฟ | ส | ส | ม | ก | า | ร | ญ | ว | ต | ย |
| พ | ษ | ค | ญ | ท | ◌่ | ต | ◌ั | ว | เ | ล | ข | ◌ั | น | ◌์ |
| ง | ป | ษ | ◌ั | ณ | ว | บ | ษ | า | บ | ว | จ | ต | ต | แ |
| เ | บ | ษ | ป | ห | น | ต | ◌ั | ว | แ | ป | ร | ช | ฟ | ล |

แผนภาพ
แผนก
สมการ
ตัวแทน
เท็จ
ปัจจัย
สูตร
เศษส่วน
กราฟ
อนันต์
เชิงเส้น
เมตริกซ์
ตัวเลข
วงเล็บ
ปัญหา
ทำ
สารละลาย
การลบ
ตัวแปร
ศูนย์

# 13 - Mitologia

| | | | | | | | | | | | | | | |
|---|---|---|---|---|---|---|---|---|---|---|---|---|---|---|
| ย | ล | ศ | ฝ | ต | ว | ◌ิ | ช | ◌ี | ม | ◌ี | ง | ◌่ | ◌ิ | ส |
| ข | แ | ป | ผ | ข | ◌ั | ส | บ | ต | ก | ง | ว | า | ข | เ |
| ล | ณ | ร | ถ | ธ | ฒ | ท | ว | ฉ | ◌ำ | ฝ | แ | ษ | เ | ต |
| ม | อ | แ | ถ | ข | น | ณ | ษ | ย | ส | น | ร | แ | ภ | ล |
| ส | ศ | ฝ | แ | บ | ธ | ไ | ต | า | ผ | ◌่ | า | ◌้ | ฟ | ป |
| ด | า | ล | ห | ะ | ร | ป | ว | ◌์ | ต | ◌ั | ส | น | ถ | ฟ |
| น | ะ | จ | เ | ซ | ร | ก | อ | ม | ต | ภ | า | พ | ถ | ษ |
| ง | น | ศ | ไ | ซ | ม | า | ◌ั | ร | เ | ษ | ศ | เ | ◌ิ | ว |
| แ | ก | ◌้ | แ | ค | ◌้ | น | ห | น | ภ | ะ | ษ | ท | ฉ | ต |
| ซ | ก | า | ร | ส | ร | ◌้ | า | ง | น | ฟ | ณ | พ | แ | ◌้ |
| ฮ | ◌ี | โ | ร | ◌่ | ฟ | ◌้ | า | ร | ◌้ | อ | ง | ภ | ร | น |
| ห | ม | ไ | ง | ซ | ฝ | จ | ช | น | ร | ฝ | ไ | น | ง | แ |
| ภ | ◌ั | ย | พ | ◌ิ | บ | ◌ั | ต | ◌ิ | ด | ป | ช | า | ะ | บ |
| พ | ฤ | ต | ◌ิ | ก | ร | ร | ม | บ | ะ | ค | ง | อ | แ | บ |
| ป | เ | พ | ศ | ด | ค | ว | า | ม | ห | ◌ึ | ง | ห | ว | ง |

ต้นแบบ
พฤติกรรม
สิ่งมีชีวิต
การสร้าง
วัฒนธรรม
ภัยพิบัติ
เทพ
ฮีโร่
แรง
ฟ้าผ่า
ความหึงหวง
นักรบ
อมตภาพ
เขาวงกต
ตำนาน
วิเศษ
ยแร
สัตว์ประหลาด
ฟ้าร้อง
แก้แค้น

# 14 - Piante

| | | | | | | | | | | | | | | |
|---|---|---|---|---|---|---|---|---|---|---|---|---|---|---|
| ง | เ | ใ | บ | ไ | ม | ◌้ | แ | แ | ต | ธ | ง | ห | ไ | า |
| ช | ไ | บ | ซ | ป | ฟ | ษ | ร | ฝ | ◌้ | พ | ร | ห | ฝ | า |
| ศ | ท | ◌ี | อ | พ | ◌ี | ช | ไ | ว | น | ฤ | ณ | ฟ | ม | ค |
| ซ | ช | ล | ญ | ร | ป | ะ | ◌้ | ม | ไ | ก | อ | ด | ใ | ฝ |
| อ | ด | ก | ผ | ต | ◌์ | ส | ส | อ | ม | ษ | ใ | ฟ | ข | ญ |
| ฟ | ศ | ท | อ | ฝ | ป | ร | ธ | ฟ | ◌้ | ศ | ห | ศ | ช | ธ |
| ฉ | ล | ห | ษ | ซ | ย | ร | ◌ี | ศ | ฉ | า | ผ | ญ | ก | ธ |
| ณ | ม | อ | ร | า | ก | ล | ซ | ◌่ | ต | ส | ผ | ภ | ◌้ | ล |
| ใ | ะ | ส | ร | ไ | ม | ◌้ | ไ | ผ | ◌่ | ต | ฉ | ช | ข | า |
| ส | จ | ถ | ส | า | ◌่ | ป | ญ | ค | ◌ี | ร | ป | ◌ุ | ◌๋ | ย |
| เ | ต | ◌ิ | บ | โ | ต | ต | ท | ม | ว | ◌์ | ป | บ | ฉ | ย |
| ถ | ม | ร | พ | ก | พ | ม | ว | ญ | อ | ส | ท | ล | ธ | ร |
| บ | า | ง | ก | น | ง | ต | ม | เ | ไ | ว | ◌่ | ◌ั | ถ | ะ |
| ก | ร | ะ | บ | อ | ง | เ | พ | ช | ร | น | ถ | ส | ณ | ห |
| ถ | ถ | ใ | ไ | ญ | ส | พ | ไ | ย | ถ | บ | ข | ค | ล | ล |

ต้นไม้
เบอร์รี่
ไม้ไผ่
พฤกษศาสตร์
กระบองเพชร
บุช
เติบโต
ไอวี่
หญ้า
ถั่ว
ปุ๋ย
ดอกไม้
ฟลอรา
ใบไม้
ป่า
สวน
มอสส์
กลีบ
ราก
พืช

# 15 - Spezie

| | | | | | | | | | | | | | | |
|---|---|---|---|---|---|---|---|---|---|---|---|---|---|---|
| ช | ◌ี | ก | ◌ั | ผ | ฉ | ภ | โ | ฉ | ศ | ฉ | ญ | ญ | อ | ญ |
| ะ | จ | ด | พ | ป | ฉ | ษ | แ | ป | ณ | ง | ศ | ฝ | บ | ส |
| เ | ค | ห | ว | า | น | ศ | ภ | ญ | ◌๊ | ศ | พ | ส | เ | ว |
| อ | ต | ย | จ | า | ร | ◌่ | ห | ◌่ | ◌ี | ย | ง | ผ | ช | น |
| ม | จ | ศ | แ | แ | ข | า | ฝ | อ | ◌ี | ล | ก | เ | ย | ◌ิ |
| เ | ข | ม | ม | ท | ะ | ม | ต | ท | แ | ช | ข | ◌ั | ข | ล |
| ท | ป | ย | ย | ท | ไ | ก | ◌ิ | ร | พ | ส | า | ร | ◌๊ | า |
| ศ | ห | ◌ี | ญ | บ | ต | ณ | บ | ◌้ | ห | ว | ธ | ธ | ก | ก |
| น | ◌ั | ท | เ | ม | ◌็ | ก | ซ | ท | น | ◌ั | ส | น | ก | พ |
| า | า | เ | ร | ษ | ว | ฟ | แ | ก | ง | ช | ว | ษ | ภ | ญ |
| ว | ก | ะ | จ | ไ | ม | ล | ซ | ป | ◌ิ | เ | ล | ห | ภ | ค |
| ะ | น | ร | ห | ป | ล | ษ | ฝ | ม | ข | ท | ไ | ธ | อ | ธ |
| ร | า | ก | ◌้ | ◌ิ | ร | ป | า | ป | ฟ | ช | ฉ | า | ม | ม |
| ก | เ | ม | ◌็ | ด | ย | ◌ี | ◌่ | ห | ร | ◌่ | า | บ | ะ | า |
| ค | ป | ห | ญ | ◌้ | า | ฝ | ร | ◌ั | ◌่ | น | ม | ข | ณ | ผ |

กระเทียม
ขม
โป๊ยกั๊ก
อบเชย
กระวาน
หัวหอม
ผักชี
ผงยี่หร่า
ขมิ้น
แกง
หวาน
เม็ดยี่หร่า
ชะเอมเทศ
นัทเม็ก
ปาปริก้า
พริกไทย
เกลือ
วนิลา
หญ้าฝรั่น
ขิง

# 16 - Numeri

| | | | | | | | | | | | | | | |
|---|---|---|---|---|---|---|---|---|---|---|---|---|---|---|
| แ | ภ | ภ | น | ห | ไ | น | ป | ณ | า | ห | ◌้ | บ | ◌ิ | ส |
| ส | ◌ิ | บ | ฉ | ภ | ย | ศ | ต | เ | ก | อ | ง | ฟ | ท | ◌ิ |
| า | ผ | บ | ธ | แ | ป | ค | ณ | ฝ | ◌้ | ช | ธ | ศ | พ | บ |
| ช | ม | บ | ห | ซ | ช | ศ | ณ | ฝ | เ | ก | ธ | ท | ย | ส |
| ส | ◌ี | ◌่ | บ | ◌ิ | ส | ว | า | อ | บ | ห | ◌้ | า | ร | อ |
| ◌ี | ม | ม | ส | ญ | ร | เ | ม | ย | ◌ิ | น | ศ | ท | ม | ง |
| ◌่ | ล | ภ | ◌ิ | เ | ว | แ | ช | ณ | ส | ด | ห | อ | ณ | อ |
| ส | ห | ษ | ◌่ | ก | ฝ | เ | จ | ◌็ | ด | ป | แ | บ | ◌ิ | ส |
| ด | ซ | แ | ◌ี | ◌้ | อ | ต | ข | ณ | จ | แ | ด | ษ | ไ | ข |
| ด | ไ | ย | ย | า | า | บ | ฉ | ว | ◌็ | ส | ย | ภ | ก | ล |
| ส | ◌ิ | บ | ส | า | ม | อ | บ | บ | เ | ศ | ◌ิ | ห | ถ | ธ |
| ล | ด | ร | ห | พ | า | บ | ห | พ | บ | ฟ | ◌ู | บ | ก | ธ |
| บ | ว | ไ | า | ศ | ส | ภ | ม | ธ | ◌ิ | ท | ห | น | ห | ฝ |
| ผ | ย | จ | ธ | ล | ค | น | ฝ | ญ | ส | ล | ภ | ช | ย | ก |
| ข | ถ | ธ | ผ | ถ | ฉ | ณ | ฉ | ห | ท | บ | ป | ก | จ | ◌์ |

ห้า
ทศนิยม
สิบเก้า
สิบเจ็ด
สิบแปด
สิบ
สิบสอง
สอง
เก้า
แปด
สิบสี่
สี่
สิบห้า
สิบหก
หก
เจ็ด
สาม
สิบสาม
ยี่สิบ
ศูนย์

# 17 - Cioccolato

| | | | | | | | | | | | | | | |
|---|---|---|---|---|---|---|---|---|---|---|---|---|---|---|
| แ | ก | ว | แ | อ | ว | ฝ | ก | ล | ◌ู | ก | อ | ม | ว | ม |
| ศ | พ | ต | ษ | ด | ม | ม | อ | ล | ผ | ษ | ผ | ข | ฝ | ะ |
| ท | ป | ญ | เ | ซ | ◌้ | ะ | ย | ฟ | ◌ิ | ผ | ฝ | ม | ห | พ |
| ศ | ◌ี | แ | ป | ล | ก | ไ | ห | ม | ◌่ | ◌่ | ว | อ | ณ | ร |
| ถ | ณ | ◌่ | ภ | ห | โ | ถ | ป | ไ | จ | บ | น | ณ | ะ | ◌้ |
| ร | ส | น | ช | ต | ก | ย | ย | ผ | ป | น | ษ | ห | ย | า |
| พ | ง | ะ | ซ | ◌ี | โ | ผ | ฝ | ร | บ | ด | ย | ป | อ | ว |
| น | ด | ก | า | อ | ◌่ | ง | พ | า | ภ | ณ | ◌ุ | ค | ◌่ | ม |
| ป | ข | ต | ม | ฟ | ค | น | ค | ห | ภ | ฉ | ว | ฝ | ร | ห |
| แ | ค | ล | อ | ร | ◌ี | ◌่ | ช | า | ก | ฝ | ศ | ถ | อ | ว |
| แ | ผ | ศ | ะ | แ | บ | ด | บ | อ | ฟ | ด | น | ◌ั | เ | า |
| ฉ | ไ | ล | บ | จ | ญ | ข | ห | ร | บ | ก | ซ | ◌่ | ม | น |
| ง | ค | า | ร | า | เ | ม | ล | ต | ภ | ล | ◌ิ | ว | ป | ภ |
| จ | ฝ | า | ณ | ฝ | ต | น | ว | ◌ู | ส | ญ | ญ | น | ญ | ข |
| พ | ต | ผ | บ | ะ | ถ | ซ | ม | ส | ผ | น | ว | ◌่ | ส | ย |

ขม
ถั่ว
กลิ่นหอม
โกโก้
แคลอรี่
ลูกอม
คาราเมล
อร่อย
หวาน
แปลกใหม่
รส
ส่วนผสม
กิน
มะพร้าว
ผง
ที่ชื่นชอบ
คุณภาพ
สูตรอาหาร

# 18 - Guida

| | | | | | | | | | | | | | | |
|---|---|---|---|---|---|---|---|---|---|---|---|---|---|---|
| ฟ | ส | น | า | ข | ไ | แ | ญ | อ | ฉ | เ | ก | ง | ภ | ไ |
| ต | ท | ฟ | ต | บ | โ | ผ | ว | ถ | ส | ช | า | อ | ห | บ |
| เ | ◌ำ | ด | บ | ไ | ร | น | ณ | ไ | ฉ | ◌ี | ร | ไ | แ | อ |
| ร | ง | ร | ด | ง | ง | ท | ไ | จ | บ | ◌้ | จ | ศ | อ | น |
| ณ | ล | ช | ว | ผ | ร | ◌ี | ฟ | ม | ง | อ | ร | อ | ก | ◌ุ |
| ศ | อ | ก | ห | จ | ถ | ◌่ | ช | ฉ | ฝ | เ | า | อ | จ | ญ |
| แ | ษ | ท | อ | แ | ก | ◌๊ | ส | พ | ด | พ | จ | ◌ั | อ | า |
| อ | ◌ุ | บ | ◌ั | ต | ◌ิ | เ | ห | ต | ◌ุ | ล | ร | น | ร | ต |
| ค | ว | า | ม | เ | ร | ◌็ | ว | อ | ซ | ◌ิ | ช | ต | เ | ถ |
| ธ | ห | า | า | ศ | ก | แ | เ | ข | ◌ุ | ง | ธ | ร | บ | แ |
| ค | น | เ | ด | ◌ิ | น | เ | ท | ◌้ | า | โ | ว | า | ร | ฉ |
| ก | า | ร | ข | น | ส | ◌่ | ง | ภ | พ | ถ | ม | ย | ค | ไ |
| ร | ถ | เ | ม | ล | ◌์ | ส | ง | น | ม | ม | อ | ง | ะ | ฉ |
| ร | ถ | จ | ◌ั | ก | ร | ย | า | น | ย | น | ต | ◌์ | ค | ว |
| ญ | ธ | ห | ก | า | ด | ว | ส | ถ | ธ | ม | ซ | ม | บ | ◌์ |

รถ
รถเมล์
เชื้อเพลิง
เบรค
โรงรถ
แก๊ส
อุบัติเหตุ
ใบอนุญาต
แผนที่
รถจักรยานยนต์
คนเดินเท้า
อันตราย
ตำรวจ
ถนน
การจราจร
การขนส่ง
อุโมงค์
ความเร็ว

# 19 - I Media

| | | | | | | | | | | | | | | |
|---|---|---|---|---|---|---|---|---|---|---|---|---|---|---|
| ห | ส | ห | บ | ฉ | บ | ◌ั | บ | ฟ | ข | ช | ป | ต | ภ | ห |
| น | ถ | ◌ิ | ◌่ | ง | อ | ◌้ | ท | ฟ | ◌้ | น | ท | บ | ซ | ษ |
| ◌ั | ค | ส | า | ธ | า | ร | ณ | ะ | อ | ◌์ | ส | ท | ช | ค |
| ง | ว | โ | ล | ร | ศ | ธ | ค | พ | เ | ศ | ณ | ต | ธ | พ |
| ส | า | ฆ | เ | า | ญ | แ | ช | ล | ท | ◌ั | จ | ◌ิ | ◌ิ | ด |
| ◌ี | ม | ษ | ค | ส | ญ | ข | ฉ | ฝ | ◌็ | ท | บ | ค | อ | ร |
| อ | เ | ณ | ร | อ | ฉ | ญ | ก | ป | จ | ร | ง | น | ◌ุ | า |
| พ | ห | า | ◌ี | ◌่ | ก | ไ | ป | บ | จ | ท | ย | ศ | ต | ย |
| ◌ิ | ◌็ | ษ | อ | ◌ี | ง | า | ท | ◌ั | ร | โ | ส | ◌ั | ส | บ |
| ม | น | ษ | ข | ส | ข | ณ | ร | น | ◌ิ | ด | ค | ท | า | ◌ุ |
| พ | ต | ห | ◌่ | ร | ก | ส | ย | ศ | ง | ต | อ | ฝ | ห | ค |
| ◌์ | ะ | ฟ | า | า | ง | ซ | น | ะ | ◌ื | ต | ส | ณ | ก | ค |
| ค | ธ | อ | ย | ก | บ | น | ซ | น | ศ | ก | ะ | พ | ร | ล |
| อ | อ | น | ไ | ล | น | ◌์ | ท | ◌ุ | น | ฟ | ษ | ผ | ร | ง |
| ภ | า | พ | ถ | ◌่ | า | ย | ◌ุ | ท | ◌ิ | ว | ป | า | ม | ส |

ทัศนคติ
โฆษณา
การสื่อสาร
ดิจิทัล
ฉบับ
การศึกษา
ข้อเท็จจริง
ทุน
ภาพถ่าย
หนังสือพิมพ์
รายบุคคล
อุตสาหกรรม
สติปัญญา
ท้องถิ่น
ออนไลน์
ความเห็น
สาธารณะ
วิทยุ
เครือข่าย
โทรทัศน์

# 20 - Forza e Gravità

| | | | | | | | | | | | | | | |
|---|---|---|---|---|---|---|---|---|---|---|---|---|---|---|
| ว | ฟ | ฟ | ก | โ | ม | เ | ม | น | ต | ◌ั | ม | ม | ร | ก |
| น | ก | แ | ◌ิ | า | ค | ว | า | ม | เ | ร | ◌็ | ว | ะ | า |
| ◌้ | ซ | อ | ณ | ส | ร | ง | ผ | ว | ฟ | เ | ป | ผ | ย | ร |
| ◌ำ | ล | เ | ท | ถ | ◌ิ | ข | ท | ษ | ง | ช | ฉ | ญ | ะ | เ |
| ห | ฉ | บ | ไ | ไ | ผ | ก | ย | จ | น | โ | ช | ม | ท | ค |
| น | ◌ั | ด | ม | า | ว | ค | ส | า | ญ | า | ค | ไ | า | ล |
| ◌ั | ส | า | ก | ล | ส | พ | ท | ◌์ | ย | ญ | ซ | จ | ง | ◌ื |
| ก | ณ | ฝ | เ | ว | ฟ | ฟ | ย | ร | ไ | ต | ล | อ | ร | ◌่ |
| ก | ล | ◌็ | ห | เ | ◌่ | ม | แ | ต | ญ | พ | ◌ั | ถ | บ | อ |
| ท | ศ | ไ | ป | ง | ย | ร | เ | ส | ล | ล | พ | ว | ญ | น |
| ฉ | ไ | บ | พ | น | ◌้ | ค | ร | า | ก | ว | ผ | ฝ | ญ | ไ |
| ผ | ล | ก | ร | ะ | ท | บ | ค | ศ | ญ | ◌ั | ไ | ก | ด | ห |
| เ | ฟ | ข | ด | ม | ม | แ | ก | ล | ว | ต | ล | แ | ผ | ว |
| แ | พ | ว | ผ | ศ | ง | า | ล | ก | ย | ◌์ | น | ◌ู | ศ | า |
| ค | ◌ุ | ณ | ส | ม | บ | ◌ั | ต | ◌ิ | ร | ล | ผ | ไ | น | ศ |

แกน
ศูนย์กลาง
พลวัต
ระยะทาง
การขยายตัว
ฟิสิกส์
ผลกระทบ
แม่เหล็ก
กลศาสตร์
การเคลื่อนไหว
วงโคจร
น้ำหนัก
ความดัน
คุณสมบัติ
การค้นพบ
โมเมนตัม
เวลา
สากล
ความเร็ว

# 21 - Caffè

| | | | | | | | | | | | | | | |
|---|---|---|---|---|---|---|---|---|---|---|---|---|---|---|
| น | ม | ก | ล | ◌ิ | ◌่ | น | ห | อ | ม | ร | ข | ค | ร | พ |
| ฉ | ◌้ | ม | ฝ | ไ | ท | บ | เ | น | ม | า | ะ | ว | ฉ | ล |
| แ | ษ | ◌ำ | บ | ผ | จ | ย | ณ | ส | พ | ค | บ | า | พ | ธ |
| ไ | ช | ฟ | ต | ต | ฟ | ป | ถ | ณ | ห | า | ค | ม | ไ | ฟ |
| ผ | ค | ภ | ไ | า | ด | ะ | ม | ไ | ก | ญ | ค | ห | ท | ผ |
| ฟ | ห | ง | ภ | ณ | ล | ภ | ด | ฉ | อ | ก | ฉ | ล | ข | ส |
| น | ร | จ | ณ | ร | ว | ง | ◌ี | ณ | ต | ส | ธ | า | ญ | ณ |
| ธ | ◌้ | ฉ | ธ | ศ | ล | ฟ | ◌่ | ไ | ง | ◌ี | ด | ก | ภ | ร |
| ต | ศ | ◌ำ | ม | ย | ห | ช | ง | ธ | ณ | ด | ◌ี | ห | ร | ธ |
| อ | ข | ม | ค | า | เ | ฟ | อ | ◌ี | น | ◌ำ | ◌่ | ล | ส | ซ |
| ข | เ | ะ | ฟ | ม | ง | ภ | ◌่ | ค | ส | พ | ม | า | ช | ไ |
| ว | ช | ฟ | ห | ◌่ | อ | อ | ◌ี | ถ | ◌้ | ว | ย | ย | า | ค |
| บ | ◌้ | ส | ฟ | ◌ี | ข | ฉ | ร | ห | น | พ | ไ | บ | ต | ร |
| ฟ | า | ก | ค | ท | ล | ช | ค | ก | แ | ม | ห | ด | ◌ิ | ◌ี |
| ต | ม | ร | ซ | ห | ร | บ | เ | ล | ค | ป | า | ช | ญ | ม |

น้ำ
ขม
กลิ่นหอม
ดื่ม
เครื่องดื่ม
คาเฟอีน
ครีม
กรอง
รสชาติ
นม
ของเหลว
บด
เช้า
สีดำ
ที่มา
ราคา
ถ้วย
ความหลากหลาย
น้ำตาล

# 22 - Uccelli

| | | | | | | | | | | | | | | |
|---|---|---|---|---|---|---|---|---|---|---|---|---|---|---|
| เ | ร | ข | ธ | ค | จ | ร | ล | ก | ศ | เ | ป | ◌็ | ด | ค |
| ห | ม | ศ | ศ | ฉ | จ | ย | ว | เ | ท | แ | ซ | ช | ศ | ณ |
| ย | เ | ช | จ | ธ | ผ | ะ | น | ป | เ | ซ | ผ | ญ | อ | ไ |
| ◌ี | ถ | น | ถ | ง | ม | ธ | ง | ข | ก | ซ | ข | ไ | ข | น |
| ◌่ | ท | ร | ฝ | ะ | ช | ป | า | ◌์ | อ | ว | ต | ธ | ย | ก |
| ย | ถ | ม | ซ | ว | ธ | ต | น | ส | จ | า | ฉ | ะ | ต | ก |
| ว | ง | ร | ช | ฝ | บ | ก | จ | ง | ะ | จ | ซ | น | ป | า |
| ต | พ | ไ | น | ถ | ญ | ล | ง | ห | ร | ร | ธ | อ | ร | เ |
| เ | บ | ข | ส | อ | ห | ธ | ◌ุ | น | ก | แ | ก | ◌้ | ว | ห |
| ก | า | ◌่ | เ | อ | น | ด | ท | ม | ก | ถ | า | ก | อ | ว |
| อ | ร | ษ | ค | อ | ก | ห | ะ | ล | น | ซ | ก | จ | น | ◌่ |
| จ | ◌ิ | ะ | ฟ | แ | ย | ◌่ | ร | ◌ี | ท | น | ◌ิ | อ | ส | า |
| ะ | พ | ป | ส | ผ | ◌ู | า | ก | โ | ง | ◌ิ | ม | า | ล | ฟ |
| ร | ก | ท | ป | า | ง | น | ก | ไ | ท | ณ | ญ | ร | จ | า |
| ก | น | ค | แ | ◌ู | ท | ข | น | ◌ิ | ว | ก | น | พ | เ | ผ |

กระสา
เป็ด
อินทรี
นกกระสา
หงส์
นกกาเหว่า
เหยี่ยว
ฟลามิงโก
นางนวล
ห่าน
นกแก้ว
กระจอก
นกยูง
นกกระทุง
นกพิราบ
เพนกวิน
ไก่
นกกระจอกเทศ
ทูแคน
ไข่

# 23 - Giorni e Mesi

| | | | | | | | | | | | | | | |
|---|---|---|---|---|---|---|---|---|---|---|---|---|---|---|
| ช | จ | ล | ะ | ห | ซ | ร | ฉ | ถ | ว | เ | ป | ว | ม | ถ |
| ก | ◌ุ | ม | ภ | า | พ | ◌ั | น | ธ | ◌์ | ม | ◌ี | ◌ั | ฟ | ศ |
| ว | ◌ั | น | อ | า | ท | ◌ิ | ต | ย | ◌์ | ษ | ย | น | ร | ศ |
| เ | ะ | ท | ก | แ | ภ | จ | อ | ฉ | ส | า | ะ | พ | ฟ | ล |
| ง | ด | บ | ต | บ | แ | ม | ไ | ว | ฉ | ย | ญ | ◌ุ | ว | น |
| ห | ผ | ◌ี | ส | ◌ิ | ง | ห | า | ค | ม | น | ม | ธ | อ | ว |
| ร | ท | ส | อ | ม | ว | ◌ั | น | อ | ◌ั | ง | ค | า | ร | ต |
| ค | ป | ษ | ท | น | ค | ม | ◌ิ | ถ | ◌ุ | น | า | ย | น | ◌ุ |
| พ | ฤ | ศ | จ | ◌ิ | ก | า | ย | น | ม | ณ | ฎ | ด | บ | ล |
| เ | ก | ก | ฉ | ส | ส | ซ | ว | ว | ล | ก | ก | ษ | ด | า |
| ช | ด | ฝ | ร | ◌์ | า | ส | เ | น | ◌ั | ว | ร | ษ | ถ | ค |
| ข | ฉ | ณ | ร | ◌์ | ก | ศ | ◌ุ | น | ◌ั | ว | ก | า | ผ | ม |
| ส | ◌ั | ป | ด | า | ห | ◌์ | ค | ณ | ด | ธ | ไ | ช | ค | จ |
| ว | ◌ั | น | จ | ◌ั | น | ท | ร | ◌์ | น | ด | ง | ต | น | ม |
| ส | จ | ก | ◌ั | น | ย | า | ย | น | ท | ◌ิ | ◌ิ | ฎ | ป | ศ |

สิงหาคม
ปี
เมษายน
ปฏิทิน
ธันวาคม
วันอาทิตย์
กุมภาพันธ์
มกราคม
มิถุนายน
กรกฎาคม
วันจันทร์
วันอังคาร
วันพุธ
เดือน
พฤศจิกายน
ตุลาคม
วันเสาร์
กันยายน
สัปดาห์
วันศุกร์

# 24 - Casa

| | | | | | | | | | | | | | | |
|---|---|---|---|---|---|---|---|---|---|---|---|---|---|---|
| ห | ฟ | ป | ไ | ป | ร | ะ | ต | ◌ู | ผ | ด | ค | ห | ศ | อ |
| ล | ถ | ย | ม | ร | พ | ไ | ป | ป | น | ◌้ | ◌ื | พ | โ | า |
| ◌ั | น | น | ◌้ | ห | พ | ณ | โ | ไ | ◌ั | ถ | ไ | น | ร | บ |
| ง | เ | ถ | ก | จ | ะ | ร | ก | ค | ง | ค | ถ | บ | ง | น |
| ค | แ | ฟ | ว | เ | พ | ด | า | น | ม | ด | ก | ฝ | ร | ◌้ |
| า | ย | ว | า | อ | ภ | แ | ต | ล | บ | ไ | ภ | ง | ถ | ◌ำ |
| ค | ก | ร | ด | ม | ◌ุ | ส | ง | อ | ◌้ | ห | ฟ | ภ | ณ | ฟ |
| ป | ซ | ห | ◌้ | อ | ง | ไ | ต | ◌้ | ห | ล | ◌ั | ง | ค | า |
| ป | ค | ศ | พ | ช | แ | ว | เ | ก | ม | ต | ไ | ย | ญ | ย |
| ไ | ไ | พ | ห | พ | ไ | เ | ต | า | ผ | ◌ิ | ง | ส | เ | ถ |
| ห | น | ◌้ | า | ต | ◌่ | า | ง | ค | ห | ณ | อ | ป | ว | ง |
| ว | ว | ภ | ญ | ณ | ถ | ว | ฉ | ณ | ร | ◌้ | ห | พ | ซ | น |
| ค | ร | ◌ั | ว | ค | ฉ | ศ | า | ฝ | ◌ั | ะ | อ | ย | ซ | ต |
| ข | ม | น | ไ | ว | ล | ณ | ถ | ซ | ◌้ | บ | ว | ง | ณ | น |
| ผ | ข | ก | ◌๊ | อ | ก | ส | ว | ญ | ว | ก | ศ | ผ | ภ | ย |

ห้องใต้หลังคา
ห้องสมุด
ห้อง
เตาผิง
ครัว
อาบน้ำ
หน้าต่าง
โรงรถ
สวน
โคมไฟ
ผนัง
พื้น
ประตู
รั้ว
ก๊อก
ไม้กวาด
เพดาน
กระจก
พรม
หลังคา

# 25 - Ristorante #1

| | | | | | | | | | | | | | | |
|---|---|---|---|---|---|---|---|---|---|---|---|---|---|---|
| ศ | ป | ม | ◌ี | ด | ช | ฉ | ฝ | ล | แ | บ | ะ | พ | ก | ซ |
| ค | ธ | ธ | ร | ภ | ณ | ฟ | ก | ไ | ค | ค | ม | น | ข | ม |
| ไ | ก | ◌่ | ผ | ด | จ | ต | ถ | ฝ | ช | ล | า | ◌ั | ภ | ฉ |
| ถ | ว | ถ | ส | ไ | ซ | ศ | ป | เ | เ | ง | ช | ก | ค | ป |
| เ | ม | น | ◌ู | ไ | ณ | ท | ท | ภ | ช | ช | ข | ง | ก | ศ |
| ฝ | แ | ธ | ส | ค | ต | ด | ว | ภ | ◌ี | ค | น | า | า | ฟ |
| ส | ษ | ร | ล | ค | แ | ร | ด | ◌ู | ย | ร | ม | น | ร | ภ |
| ศ | ข | เ | ศ | ส | จ | า | น | ม | ร | ◌ั | ป | เ | จ | ข |
| ซ | พ | ฟ | ล | ◌่ | ธ | ห | ญ | ◌ิ | ◌์ | ว | ◌ั | ส | อ | ไ |
| ก | อ | บ | ถ | ว | ห | า | ณ | แ | ก | ว | ง | ◌ิ | ง | ห |
| ฝ | า | ส | ะ | น | ถ | อ | จ | พ | ต | ร | ป | ร | บ | ถ |
| ด | ส | แ | ค | ผ | ะ | จ | อ | ◌้ | ◌ื | น | เ | ◌์ | บ | า |
| ฟ | ร | แ | ฟ | ส | ย | ธ | ะ | ท | ง | แ | ป | ฟ | ว | ฟ |
| ษ | เ | ว | ช | ม | ถ | ศ | ช | อ | ม | ย | เ | ผ | ◌็ | ด |
| ผ | ◌้ | า | เ | ช | ◌็ | ด | ป | า | ก | ห | ส | ร | พ | ห |

ภูมิแพ้
กาแฟ
พนักงานเสิร์ฟ
เนื้อ
แคชเชียร์
อาหาร
ชาม
มีด
ครัว
ขนม
ส่วนผสม
กิน
เมนู
ขนมปัง
จาน
เผ็ด
ไก่
การจอง
ซอส
ผ้าเช็ดปาก

# 26 - Fantascienza

| | | | | | | | | | | | | | | |
|---|---|---|---|---|---|---|---|---|---|---|---|---|---|---|
| ท | ภ | ย | น | ค | ะ | ว | ภ | ด | ค | ด | อ | บ | ฉ | ห |
| ผ | ผ | ก | ม | พ | ผ | ต | ค | า | น | อ | เ | แ | ช | น |
| ท | ไ | ม | อ | เ | ย | จ | น | ณ | พ | ไ | ค | น | ส | ◌ั |
| ห | บ | ฟ | ต | ก | ท | อ | ท | ต | ณ | ล | ค | ส | ข | ง |
| ด | ◌์ | ห | ะ | า | ร | ค | เ | ว | า | ด | ว | ส | น | ส |
| ม | ◌ิ | เ | อ | ร | ฟ | ศ | โ | ง | จ | ธ | ด | ง | ไ | ◌ื |
| ห | ส | ส | ◌์ | ณ | ร | า | ก | น | า | ถ | ส | จ | ต | อ |
| ◌ั | ◌ิ | ส | โ | ธ | ไ | ม | ว | ด | โ | ก | ม | ว | ถ | า |
| ศ | ท | ◌ุ | เ | ท | ฟ | แ | ธ | ล | บ | ล | ◌ั | ก | ◌ึ | ล |
| จ | ธ | ด | พ | ไ | เ | ะ | ป | ฉ | ด | โ | ย | ด | เ | า |
| ร | ◌ิ | ข | ◌้ | น | ธ | ป | อ | ญ | ร | ะ | ศ | ◌ี | ธ | ส |
| ร | ◌์ | ◌ี | อ | ข | ล | ◌่ | ◌ี | ซ | ก | ล | แ | า | ก | ม |
| ย | น | ด | ฝ | ◌์ | ร | ต | น | ย | พ | า | ภ | ง | ร | โ |
| ◌์ | ะ | ศ | ◌ั | ห | ◌ุ | ◌่ | น | ย | น | ต | ◌์ | ด | ฟ | ญ |
| ช | ษ | ฝ | น | ท | ถ | ก | า | ร | ร | ะ | เ | บ | ◌ิ | ด |

อะตอม
โรงภาพยนตร์
ดิสโทเปีย
การระเบิด
สุดขีด
มหัศจรรย์
ไฟ
อนาคต
กาแลกซี่
ภาพลวงตา
เพ้อฝัน
หนังสือ
ลึกลับ
โลก
สิทธิ์
ดาวเคราะห์
หุ่นยนต์
สถานการณ์
เทคโนโลยี

# 27 - Città

| | | | | | | | | | | | | | | |
|---|---|---|---|---|---|---|---|---|---|---|---|---|---|---|
| อ | ส | ◌ื | ง | น | ◌ั | ห | น | า | ◌้ | ร | ฝ | ร | ณ | อ |
| ไ | ฝ | ต | ข | ด | ม | ◌ุ | ส | ง | อ | ◌้ | ห | ไ | แ | ค |
| ถ | บ | ข | ต | ข | ต | ซ | ข | ภ | ล | า | ผ | ด | แ | ล |
| ด | ◌่ | ห | ฉ | ค | ไ | ล | อ | ห | ผ | น | ◌์ | ฟ | ต | ◌ิ |
| ถ | ◌ี | อ | เ | ม | อ | แ | า | แ | ไ | ว | ร | ช | โ | น |
| โ | ร | ง | เ | ร | ◌ี | ย | น | ด | ล | เ | ต | ร | ร | ◌ิ |
| ด | อ | ก | ถ | ว | ศ | ร | ช | ◌ิ | ะ | ส | น | า | ง | ก |
| ท | ก | ก | ง | ล | ห | ท | ศ | ะ | บ | ร | ย | ห | ล | โ |
| ไ | เ | ส | น | า | ม | ก | ◌ี | ฬ | า | ม | พ | า | ะ | ร |
| ค | บ | ร | ◌้ | า | น | ข | า | ย | ย | า | า | อ | ค | ง |
| น | เ | ส | ว | น | ส | ◌ั | ต | ว | ◌์ | ป | ภ | น | ร | แ |
| ด | อ | ก | ไ | ม | ◌้ | ด | ◌ี | ค | ป | ง | ง | า | ส | ร |
| ต | ญ | ศ | ธ | น | า | ค | า | ร | ว | ช | ร | ◌้ | เ | ม |
| ม | ห | า | ว | ◌ิ | ท | ย | า | ล | ◌ั | ย | โ | ร | ช | ษ |
| แ | ก | ล | เ | ล | อ | ร | ◌ี | ◌่ | ท | น | ฉ | ถ | จ | ห |

สนามบิน
ธนาคาร
ห้องสมุด
โรงภาพยนตร์
คลินิก
ร้านขายยา
ดอกไม้ดี
แกลเลอรี่
โรงแรม
ร้านหนังสือ
ตลาด
ร้าน
เบเกอรี่
ร้านอาหาร
โรงเรียน
สนามกีฬา
โรงละคร
มหาวิทยาลัย
สวนสัตว์

# 28 - Fattoria #1

| | | | | | | | | | | | | | | |
|---|---|---|---|---|---|---|---|---|---|---|---|---|---|---|
| ฝ | บ | พ | ฝ | ล | ร | บ | ภ | ถ | เ | ล | ธ | ก | ก | จ |
| น | ก | ย | ด | ธ | า | ◌ั | ซ | ล | ก | ล | ฉ | ส | เ | ง |
| ◌้ | ว | ซ | ฝ | ง | ◌้ | ท | ◌้ | ป | ษ | แ | พ | ะ | ภ | ศ |
| ◌ำ | น | ◌่ | อ | ง | ม | ภ | ญ | ว | ต | ฉ | แ | ซ | ค | ห |
| ผ | ส | ภ | ฝ | ณ | า | ธ | ก | า | ร | ษ | ณ | ไ | บ | ม |
| ◌ึ | ล | ช | ข | ซ | น | จ | พ | ◌้ | ก | ฝ | ไ | แ | ข | า |
| ◌้ | ค | ร | ศ | ด | ส | ต | ค | ข | ร | ง | ฟ | า | ง | ล |
| ง | ย | ศ | ค | ◌็ | ค | ว | ต | ไ | ร | ษ | ษ | ร | ◌ู | ณ |
| ส | ง | ต | ถ | ล | ด | ถ | ช | ย | ม | พ | ล | อ | ฝ | ห |
| ถ | ก | ธ | ห | ม | ◌ู | บ | ธ | ศ | เ | ฉ | ฟ | ะ | พ | ป |
| ไ | ต | ย | ฉ | เ | ต | พ | ส | า | ย | ศ | ศ | ณ | ม | ป |
| ถ | ศ | ช | ย | ไ | ไ | ธ | า | ต | ไ | แ | ว | ผ | ฉ | ◌ุ |
| อ | ไ | ง | ค | ผ | ข | า | ไ | ก | า | ห | ห | น | ง | ◌๋ |
| ว | ◌ั | ว | ม | แ | ธ | ฉ | ก | ร | ล | ง | ภ | ร | ◌้ | ย |
| ผ | ◌ึ | ◌้ | ง | ภ | ศ | ก | ◌่ | ล | า | า | ซ | ด | ฉ | ◌ำ |

น้ำ
เกษตรกรรม
ผึ้ง
ลา
สนาม
หมา
แพะ
ม้า
ปุ๋ย
ฟาง

แมว
ฝูง
หมู
น้ำผึ้ง
วัว
ไก่
รั้ว
ข้าว
เมล็ด
น่อง

# 29 - Psicologia

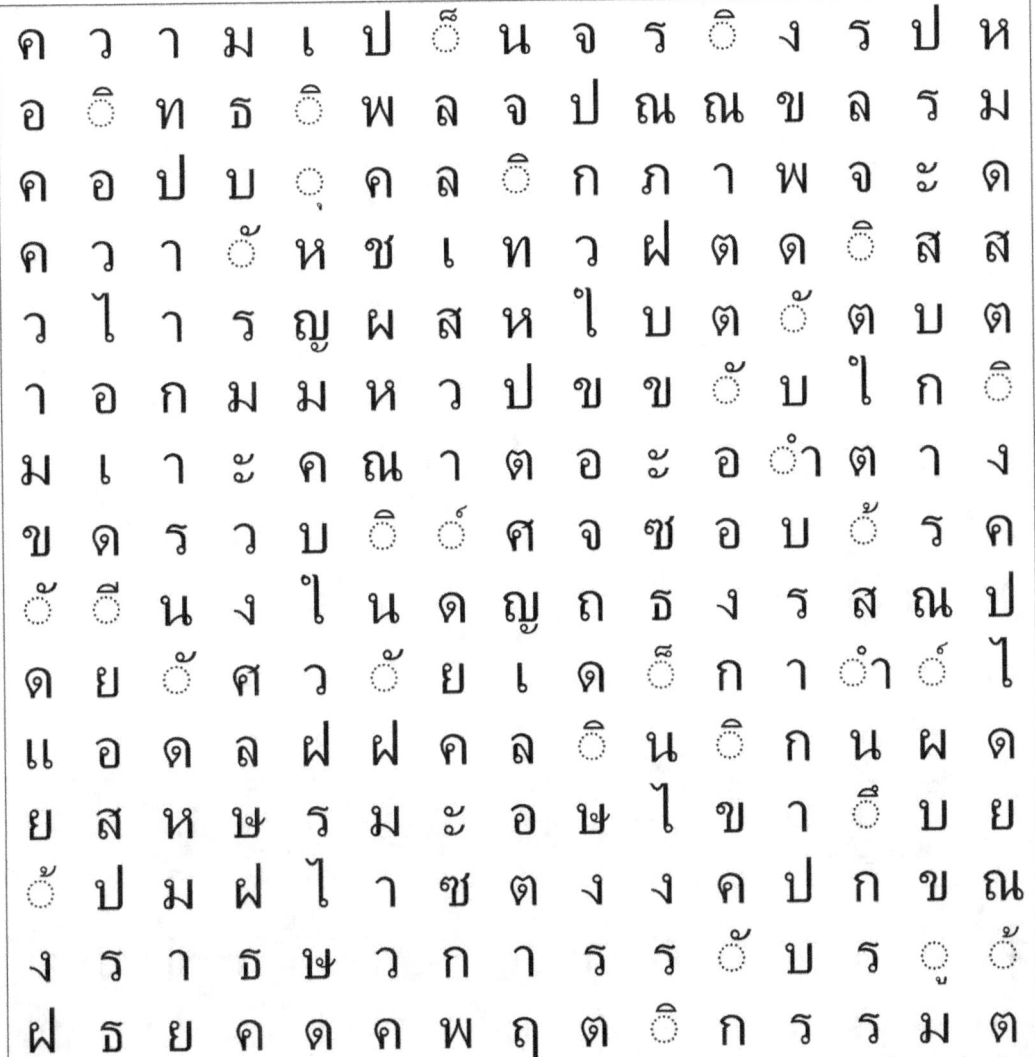

| | | | | | | | | | | | | | | |
|---|---|---|---|---|---|---|---|---|---|---|---|---|---|---|
| ค | ว | า | ม | เ | ป | ◌็ | น | จ | ร | ◌ิ | ง | ร | ป | ห |
| อ | ◌ิ | ท | ธ | ◌ิ | พ | ล | จ | ป | ณ | ณ | ข | ล | ร | ม |
| ค | อ | ป | บ | ◌ุ | ค | ล | ◌ิ | ก | ภ | า | พ | จ | ะ | ด |
| ค | ว | า | ◌ั | ห | ช | เ | ท | ว | ฝ | ต | ด | ◌ิ | ส | ส |
| ว | ไ | า | ร | ญ | ผ | ส | ห | ไ | บ | ต | ◌ั | ต | บ | ต |
| า | อ | ก | ม | ม | ห | ว | ป | ข | ข | ◌ั | บ | ไ | ก | ◌ิ |
| ม | เ | า | ะ | ค | ณ | า | ต | อ | ะ | อ | ◌ำ | ต | า | ง |
| ข | ด | ร | ว | บ | ◌ิ | ◌์ | ศ | จ | ซ | อ | บ | ◌้ | ร | ค |
| ◌ั | ◌ี | น | ง | ไ | น | ด | ญ | ถ | ธ | ง | ร | ส | ณ | ป |
| ด | ย | ◌ั | ศ | ว | ◌ั | ย | เ | ด | ◌็ | ก | า | ◌ำ | ◌์ | ไ |
| แ | อ | ด | ล | ฝ | ฝ | ค | ล | ◌ิ | น | ◌ิ | ก | น | ผ | ด |
| ย | ส | ห | ษ | ร | ม | ะ | อ | ษ | ไ | ข | า | ◌ึ | บ | ย |
| ◌้ | ป | ม | ฝ | ไ | า | ซ | ต | ง | ง | ค | ป | ก | ข | ณ |
| ง | ร | า | ธ | ษ | ว | ก | า | ร | ร | ◌ั | บ | ร | ◌ู | ◌้ |
| ฝ | ธ | ย | ค | ด | ค | พ | ฤ | ต | ◌ิ | ก | ร | ร | ม | ต |

การนัดหมาย
คลินิก
พฤติกรรม
ความขัดแย้ง
อัตตา
อารมณ์
ประสบการณ์
ไอเดีย
หมดสติ
วัยเด็ก
อิทธิพล
ความคิด
การรับรู้
บุคลิกภาพ
ปัญหา
ความเป็นจริง
ความฝัน
จิตใต้สำนึก
การบำบัด

# 30 - Paesaggi

| | | | | | | | | | | | | | | |
|---|---|---|---|---|---|---|---|---|---|---|---|---|---|---|
| ท | อ | ธ | ฝ | ค | พ | ฟ | แ | ถ | ไ | ฝ | ร | ถ | ช | น |
| พ | ◌ุ | า | ง | ข | ◌็ | แ | ◌ำ | น | ◌้ | า | ข | เ | ◌ู | ภ |
| ไ | ธ | น | ไ | ย | ห | ถ | ต | ซ | ง | ◌ำ | ข | ช | ภ | ณ |
| ค | ธ | ไ | ด | า | แ | ป | ป | ต | พ | น | ผ | า | ◌ู | ต |
| า | า | เ | ◌์ | ร | อ | ซ | เ | ก | ไ | ◌้ | ษ | ย | เ | ธ |
| บ | ร | ช | ะ | ท | า | พ | ณ | ต | ภ | ◌่ | ส | ห | ข | ภ |
| ส | น | อ | ณ | ล | ก | บ | ไ | ◌ำ | า | ม | ◌ิ | า | า | ค |
| ม | ◌้ | ญ | ว | เ | ษ | า | ว | ◌้ | ม | แ | ซ | ด | ไ | ห |
| ◌ุ | ◌ำ | ญ | ส | ะ | ม | ส | ะ | น | ห | า | อ | ฟ | ฟ | เ |
| ท | แ | ฟ | ผ | ท | ล | ล | ห | ล | า | ข | เ | บ | ◌ุ | ห |
| ร | ข | ญ | ศ | ภ | ◌ู | เ | ข | า | ส | เ | อ | ฉ | ศ | ม |
| ฉ | ◌็ | า | บ | เ | ฉ | ะ | ะ | ก | ม | น | โ | ณ | ฟ | ญ |
| า | ง | ◌ื | บ | ข | ม | ท | า | ท | ◌ุ | ◌ิ | ถ | ห | า | พ |
| พ | ป | ษ | ข | บ | พ | ง | ก | จ | ท | น | ถ | ช | ซ | ด |
| ซ | ต | ข | แ | ท | ป | า | เ | ภ | ร | เ | ะ | ไ | ย | ณ |

น้ำตก
เนินเขา
ทะเลทราย
แม่น้ำ
ไกเซอร์
ธารน้ำแข็ง
ถ้ำ
ภูเขาน้ำแข็ง
เกาะ
ทะเลสาบ
ทะเล
ภูเขา
โอเอซิส
มหาสมุทร
บึง
คาบสมุทร
ชายหาด
ทุนดรา
หุบเขา
ภูเขาไฟ

# 31 - Energia

| | | | | | | | | | | | | | | |
|---|---|---|---|---|---|---|---|---|---|---|---|---|---|---|
| อ | ไ | ท | ร | ◌์ | ย | ล | ◌ี | ค | เ | ว | ◌ิ | น | แ | แ |
| ค | ◌ุ | อ | เ | ไ | ย | เ | า | ซ | ร | ษ | ม | ◌้ | บ | เ |
| ว | ใ | ต | น | จ | เ | ร | ด | โ | ฮ | ไ | อ | ◌ำ | ต | อ |
| า | จ | ◌์ | ส | ◌้ | ก | ธ | แ | ษ | ◌ิ | พ | ล | ม | เ | น |
| ม | ค | น | ด | า | ◌ำ | ท | ด | แ | ท | น | ◌้ | ◌ั | ต | โ |
| ร | น | ย | พ | ◌ี | ห | ด | ฟ | ต | เ | อ | ด | น | อ | ท |
| ◌้ | ธ | ง | น | ต | เ | ก | ย | บ | ฟ | ต | ว | เ | ร | ร |
| อ | ง | อ | ษ | ว | น | ซ | ร | น | ภ | ฟ | แ | บ | ◌ี | ป |
| น | ไ | ◌่ | ญ | ข | ซ | ะ | ล | ร | ย | โ | ง | น | ◌่ | ◌ี |
| ว | ฟ | ◌ี | ก | ◌ั | ง | ห | ◌ั | น | ม | ช | ◌่ | ซ | ไ | ฉ |
| ภ | ฟ | ร | ค | า | ร | ◌์ | บ | อ | น | ย | ◌ิ | ◌ิ | ญ | พ |
| น | ◌้ | ค | ห | ส | ณ | ณ | ณ | ธ | ฟ | ซ | ส | น | แ | ญ |
| ท | า | เ | ธ | ว | ส | ร | ฝ | า | า | ล | บ | ศ | ร | ถ |
| เ | ช | ◌ี | ◌้ | อ | เ | พ | ล | ◌ิ | ง | ม | ฉ | ว | จ | ป |
| อ | ◌ิ | เ | ล | ◌็ | ก | ต | ร | อ | น | ธ | ใ | อ | ล | ผ |

สิ่งแวดล้อม
แบตเตอรี่
น้ำมันเบนซิน
ความร้อน
คาร์บอน
เชื้อเพลิง
ดีเซล
ไฟฟ้า
อิเล็กตรอน
เอนโทรปี
โฟตอน
ไฮโดรเจน
อุตสาหกรรม
มลพิษ
เครื่องยนต์
นิวเคลียร์
ทดแทน
กังหัน
ไอน้ำ
ลม

# 32 - Ristorante #2

| | | | | | | | | | | | | | | |
|---|---|---|---|---|---|---|---|---|---|---|---|---|---|---|
| อ | ช | ส | ◌้ | อ | ม | อ | ◌ี | ล | ก | เ | ไ | อ | ธ | เ |
| ศ | า | ป | ล | จ | ผ | ฝ | ร | ม | อ | ญ | เ | ะ | ผ | เ |
| ส | ซ | ห | ฝ | า | ถ | า | ก | ◌่ | ซ | ก | ค | น | ง | เ |
| ล | ข | น | า | ช | ห | ต | ◌ิ | บ | อ | ง | ร | ไ | ป | ศ |
| ◌ั | ป | ท | จ | ร | ธ | ษ | ร | ว | ร | ย | ◌ี | ข | ไ | ธ |
| ด | ล | ธ | ฝ | อ | ก | ณ | บ | ฟ | ไ | ฟ | ◌่ | ส | ร | ถ |
| น | า | ฝ | ด | จ | อ | ล | น | ◌้ | ◌ำ | ป | อ | พ | ร | เ |
| ษ | ญ | ล | ค | ร | ย | า | า | น | ษ | เ | ง | ฝ | ว | ม |
| ผ | ง | บ | ป | ฝ | เ | ญ | ห | ง | ป | ล | เ | ก | ซ | ต |
| ล | ย | ซ | ค | น | ไ | ม | ะ | า | ว | ธ | ท | ฟ | ◌ุ | แ |
| ไ | ท | ไ | ะ | ห | ย | ช | ซ | บ | ร | ◌ั | ศ | ภ | ป | จ |
| ม | ด | ◌ี | ◌่ | ง | อ | ◌่ | ◌ี | ร | ค | เ | น | อ | ◌้ | ช |
| ◌้ | ฝ | ไ | ส | น | ◌้ | ◌ำ | แ | ข | ◌็ | ง | ย | ผ | ◌ั | ก |
| ห | ธ | ข | เ | ก | ◌้ | า | อ | ◌ี | ◌้ | ล | ถ | ◌็ | ป | อ |
| ช | า | ◌่ | ส | ผ | เ | ค | ◌้ | ก | ง | อ | น | แ | น | ก |

น้ำ
เครื่องดื่ม
บริกร
อาหารเย็น
ช้อน
อร่อย
ส้อม
ผลไม้
น้ำแข็ง
สลัด
ซุป
ปลา
อาหารกลางวัน
เกลือ
เก้าอี้
เครื่องเทศ
เค้ก
ไข่
ผัก

# 33 - L'Azienda

| | | | | | | | | | | | | | | |
|---|---|---|---|---|---|---|---|---|---|---|---|---|---|---|
| ห | ก | ฝ | ห | ห | ก | ฟ | น | ง | ฟ | ไ | ไ | ซ | ต | ห |
| น | ด | ข | ช | ข | ภ | จ | ง | ว | ค | ล | ธ | ฉ | ง | น |
| ◌ุ | ย | ส | จ | ช | ฑ | ◌์ | ณ | ภ | ◌ั | ต | ◌ิ | ล | ผ | ◌่ |
| ท | พ | า | ภ | ณ | ◌ุ | ค | ภ | ผ | อ | ต | ด | ข | ค | ว |
| ง | ช | ◌ื | ◌่ | อ | เ | ส | ◌ี | ย | ง | ป | ก | อ | ห | ย |
| ล | ◌ี | ส | ร | ◌้ | า | ง | ส | ร | ร | ค | ◌์ | ร | ธ | ว |
| ร | า | ย | ไ | ด | ◌้ | ญ | ะ | พ | ถ | ส | น | ล | ร | ะ |
| า | อ | น | ส | เ | ◌ำ | น | ร | า | ก | ถ | ก | เ | ค | ม |
| ก | อ | ค | ว | า | ม | เ | ส | ◌ี | ◌่ | ย | ง | แ | ◌่ | ไ |
| ล | ◌ื | ค | ว | า | ม | ค | ◌ื | บ | ห | น | ◌้ | า | า | ป |
| โ | ม | ก | า | ร | ต | ◌ั | ด | ส | ◌ิ | น | ใ | จ | จ | ษ |
| ว | อ | ◌ุ | ต | ส | า | ห | ก | ร | ร | ม | ย | จ | ◌้ | ต |
| ◌่ | ษ | อ | ข | ษ | น | า | ง | ง | า | ◌้ | จ | ร | า | ก |
| ◌ั | ท | ร | ◌ั | พ | ย | า | ก | ร | ล | ป | ค | ว | ง | ถ |
| ท | ค | ว | า | ม | เ | ป | ◌็ | น | ไ | ป | ไ | ด | ◌้ | ฉ |

สร้างสรรค์
การตัดสินใจ
ทั่วโลก
อุตสาหกรรม
นวัตกรรม
การลงทุน
การจ้างงาน
ความเป็นไปได้
การนำเสนอ
ผลิตภัณฑ์
มืออาชีพ
ความคืบหน้า
คุณภาพ
รายได้
ชื่อเสียง
ความเสี่ยง
ทรัพยากร
ค่าจ้าง
หน่วย

# 34 - Giardino

| | | | | | | | | | | | | | | |
|---|---|---|---|---|---|---|---|---|---|---|---|---|---|---|
| ผ | ญ | จ | ห | ง | ร | น | ษ | ต | จ | ช | พ | แ | เ | แ |
| ท | ฟ | ค | ฉ | แ | แ | ษ | ด | ะ | ล | พ | ล | ท | ป | เ |
| ช | จ | ไ | ง | ย | ◌ี | บ | เ | ะ | ร | ◌ี | ◌ั | ร | ล | ห |
| ฟ | ถ | ย | ฝ | ศ | แ | ภ | ◌่ | บ | ไ | ช | ◌่ | ม | ญ | แ |
| ฉ | แ | ป | ร | ม | ด | ◌ิ | น | อ | ษ | ◌ั | ว | โ | ว | ข |
| ส | ข | ช | จ | ◌้ | ม | ไ | ล | ผ | น | ว | ส | พ | น | ษ |
| ก | ซ | ห | ก | ไ | ถ | บ | ส | ก | ว | ◌้ | ช | ล | ส | ร |
| ก | ต | เ | า | น | ผ | ป | แ | น | ส | ◌ั | ◌ำ | ◌ี | พ | ธ |
| ฟ | ร | ถ | โ | ◌้ | ะ | ซ | ก | า | า | ร | ถ | น | ย | ก |
| ช | ษ | ฝ | ร | ต | บ | ◌ุ | ช | ◌้ | ◌้ | ม | ไ | ก | อ | ด |
| ง | ว | เ | ง | ฟ | ฝ | ภ | ฝ | บ | ญ | ฟ | ห | ศ | ภ | ฉ |
| ร | จ | ฉ | ร | ด | ท | ห | ด | น | ห | ฟ | ร | ญ | ล | อ |
| ไ | ช | เ | ถ | ด | ◌่ | ม | ◌้ | า | น | ◌ั | ◌่ | ง | ◌้ | ต |
| ส | ผ | ธ | ธ | แ | อ | ธ | ก | ช | ร | บ | บ | ฟ | ญ | า |
| ธ | ส | ล | ข | ฟ | ไ | ย | ง | ป | ข | ค | บ | อ | อ | ภ |

ต้นไม้
เปลญวน
บุช
หญ้า
วัชพืช
ดอกไม้
สวนผลไม้
โรงรถ
สวน
พลั่ว
ม้านั่ง
ระเบียง
สนามหญ้า
คราด
รั้ว
บ่อน้ำ
ดิน
ชานบ้าน
แทรมโพลีน
ท่อ

# 35 - Riscaldamento Globale

| | | | | | | | | | | | | | | |
|---|---|---|---|---|---|---|---|---|---|---|---|---|---|---|
| ว | อ | ร | ะ | ห | ว | ◌่ | า | ง | ป | ร | ะ | เ | ท | ศ |
| ส | ◌ิ | ◌ุ | ข | บ | จ | น | น | ป | ร | ะ | ช | า | ก | ร |
| แ | ◌ำ | ก | ต | ค | า | น | อ | ก | ฎ | ห | ม | า | ย | ก |
| ก | ญ | ค | ฤ | ส | ไ | ด | แ | ต | ล | ษ | ◌ิ | ผ | ค | า |
| ◌๊ | ะ | ข | ◌ั | ต | า | ช | ข | ◌ิ | ด | ศ | ภ | ณ | ว | ร |
| ส | ง | บ | ว | ญ | ◌ิ | ห | ษ | ก | ส | า | ◌ู | แ | า | พ |
| ข | ◌้ | อ | ม | ◌ู | ล | ต | ก | ◌์ | ร | ก | ห | ฝ | ม | ◌ั |
| ม | เ | ถ | เ | ป | บ | อ | ษ | ร | ไ | า | ณ | ต | ส | ฒ |
| น | น | ข | ถ | บ | ท | น | ภ | า | ร | อ | ◌ุ | ร | น | น |
| ◌ุ | อ | พ | ค | ภ | ฉ | น | บ | อ | ร | ม | อ | ◌ั | ไ | า |
| ษ | ก | ก | แ | ซ | ส | ◌ี | เ | ง | ฟ | ◌ิ | ะ | ฐ | จ | า |
| ย | ญ | ซ | ว | ผ | ห | ◌้ | ร | ส | ห | ◌ู | พ | บ | ก | ช |
| ◌์ | อ | ซ | น | ห | ณ | ส | ◌ุ | ถ | ล | ภ | ไ | า | ย | ไ |
| ซ | อ | า | ม | ม | า | ต | ◌่ | ◌ี | ท | ล | ผ | ล | บ | ง |
| ถ | แ | ญ | ซ | ข | ด | ย | น | า | ง | ง | ◌ั | ล | พ | ข |

อาร์กติก
ความสนใจ
ภูมิอากาศ
ผลที่ตามมา
วิกฤติ
ข้อมูล
พลังงาน
อนาคต
แก๊ส
รุ่น
รัฐบาล
อุตสาหกรรม
ระหว่างประเทศ
กฎหมาย
ตอนนี้
ประชากร
สำคัญ
การพัฒนา
อุณหภูมิ
มนุษย์

# 36 - Frutta

| | | | | | | | | | | | | | | |
|---|---|---|---|---|---|---|---|---|---|---|---|---|---|---|
| จ | ผ | ล | เ | ก | ฉ | ย | เ | ย | ท | ษ | ถ | า | แ | ส |
| ณ | ธ | ◌ู | ช | ◌ี | พ | เ | ว | ก | เ | จ | ณ | พ | บ | ◌ั |
| ส | ข | ก | อ | จ | พ | ว | ว | ◌้ | ม | ณ | ล | ร | ล | ป |
| ฉ | ถ | แ | ร | พ | ล | ล | พ | ร | ล | อ | ก | า | ◌็ | ป |
| า | ธ | พ | ◌์ | ส | ◌้ | ม | ◌ั | อ | อ | ก | ◌ี | ส | ก | ะ |
| ส | ท | ร | ร | ข | ◌ิ | ป | อ | ม | น | ะ | ว | เ | เ | ร |
| ล | ญ | ◌์ | ◌ี | ไ | ป | ญ | ไ | ศ | ◌่ | ล | ◌ี | บ | บ | ด |
| ห | ศ | ซ | ◌่ | ส | เ | แ | ผ | ง | ◌ุ | ะ | ◌่ | อ | อ | อ |
| ร | ถ | ผ | ร | ค | ป | อ | แ | ว | ง | ม | ฉ | ร | ร | า |
| ข | ะ | พ | ก | พ | อ | ป | ณ | ◌่ | อ | ฟ | ผ | ◌์ | ◌์ | โ |
| ฝ | า | ย | ข | ษ | แ | ร | ว | ม | ไ | ย | น | ร | ร | ว |
| ไ | ห | แ | พ | แ | ธ | ◌ิ | ธ | ะ | ะ | ภ | แ | ◌ี | ◌ี | ค |
| ห | ถ | ว | ไ | ณ | ง | ค | อ | ม | ไ | น | ธ | ◌่ | ◌่ | า |
| ศ | ร | ◌ี | ◌่ | ◌์ | ร | อ | บ | เ | ผ | ล | า | า | ย | โ |
| แ | ค | น | ◌ี | ร | า | ท | ค | น | เ | ร | ด | ว | ะ | ด |

แอปริคอท
สัปปะรด
ส้ม
อาโวคาโด
เบอร์รี่
กล้วย
เชอร์รี่
กีวี่
ราสเบอร์รี่
มะนาว
มะม่วง
แอปเปิ้ล
เมลอน
แบล็กเบอร์รี่
เนคทารีน
มะละกอ
ลูกแพร์
พีช
พลัม
องุ่น

# 37 - Fattoria #2

| | | | | | | | | | | | | | | |
|---|---|---|---|---|---|---|---|---|---|---|---|---|---|---|
| อ | ษ | เ | น | อ | ณ | ร | ช | ด | ง | ร | อ | ธ | ส | ย |
| ร | ◌ั | ง | ผ | ◌ึ | ◌้ | ง | ผ | ไ | ม | ป | ณ | แ | บ | ◌์ |
| ช | ท | อ | า | ซ | ไ | ศ | ว | ภ | ะ | ก | แ | ก | ◌ู | ล |
| า | ◌ุ | ภ | า | ข | ◌้ | า | ว | โ | พ | ด | ห | ะ | ผ | ◌่ |
| ว | ◌่ | เ | ฉ | ห | ◌้ | ม | ไ | ล | ผ | น | ว | ส | ล | เ |
| น | ง | ห | ป | น | า | ◌่ | ห | ญ | จ | ม | ◌์ | ม | ไ | ◌์ |
| า | ห | จ | ป | ◌็ | ธ | ร | ด | ท | ย | ณ | ต | ไ | ม | ร |
| โ | ญ | ข | ป | ษ | ด | ส | ม | ร | แ | ส | ◌ั | ข | ◌้ | า |
| ร | ◌้ | ข | ◌้ | า | ว | ส | า | ล | ◌ี | ง | ส | ธ | า | บ |
| ง | า | ร | จ | แ | ง | ฟ | ฟ | ผ | ฝ | ม | ห | ผ | า | ก |
| น | า | ท | ะ | ร | ป | ล | ช | ซ | ห | น | ผ | ป | พ | ถ |
| า | ธ | ป | ษ | ะ | ก | แ | ง | ย | ◌้ | ◌ี | ล | เ | น | ค |
| ร | ถ | แ | ท | ร | ก | เ | ต | อ | ร | ◌์ | ร | า | ฟ | ณ |
| ศ | ไ | ว | ว | อ | ะ | ญ | ะ | จ | ธ | จ | ะ | ไ | ม | ภ |
| ฉ | ภ | ส | ถ | ท | ว | ส | ไ | แ | ฟ | ษ | ล | ข | ต | า |

ลูกแกะ
ชาวนา
รังผึ้ง
เป็ด
สัตว์
อาหาร
โรงนา
ผลไม้
สวนผลไม้
ข้าวสาลี

ชลประทาน
ลามา
นม
ข้าวโพด
ห่าน
บาร์เล่ย์
คนเลี้ยงแกะ
แกะ
ทุ่งหญ้า
รถแทรกเตอร์

# 38 - Verdure

| | | | | | | | | | | | | | | |
|---|---|---|---|---|---|---|---|---|---|---|---|---|---|---|
| ฝ | ณ | ช | ด | ม | อ | ห | ซ | จ | ก | ม | แ | แ | ช | อ |
| น | ง | แ | ม | ย | า | น | ว | ภ | ก | ะ | ค | ด | อ | บ |
| ญ | อ | ม | ะ | ◌ี | ต | ถ | ◌ั | ◌่ | ว | เ | ร | ด | แ | ม |
| ไ | ท | ส | เ | ท | ◌ิ | ต | ง | า | ห | ข | อ | ผ | ต | ห |
| ผ | ก | ด | ข | เ | โ | ต | ต | ฟ | ถ | ◌ี | ท | ก | ง | อ |
| แ | ◌ั | า | ◌ี | ะ | ช | ผ | ไ | ส | ผ | อ | ม | ข | ก | บ |
| ธ | ฟ | ก | อ | ร | ◌๊ | อ | ◌ั | ส | เ | เ | น | ◌ื | ว | เ |
| จ | พ | ก | ช | ก | ค | บ | น | ก | เ | ท | ด | ◌้ | า | ห |
| ง | จ | ผ | พ | ◌ี | ช | น | ร | เ | โ | ศ | ช | น | ไ | ◌็ |
| บ | ป | ◌ั | ค | ศ | ฝ | ไ | ด | อ | ว | ข | ญ | ฉ | ภ | ด |
| ห | ◌ั | ว | ห | อ | ม | ร | พ | ถ | ก | ว | ม | ◌่ | ซ | ◌ั |
| ง | ก | ◌ั | ณ | ม | ง | ธ | ◌ั | ง | ฉ | โ | ซ | า | น | ล |
| ต | บ | ห | ษ | ซ | ษ | ณ | ป | ◌่ | ร | ฉ | ค | ย | ก | ส |
| ม | ◌ั | น | ฝ | ร | ◌ั | ◌่ | ง | ย | ง | ◌ิ | ข | ล | ห | ญ |
| ห | ◌ั | ว | ไ | ช | เ | ท | ◌้ | า | ย | ย | ส | ฟ | ◌ี | บ |

กระเทียม
บรอกโคลี
อาติโช๊ค
แครอท
แตงกวา
หัวหอม
เห็ด
สลัด
มะเขือ
มันฝรั่ง
ถั่ว
มะเขือเทศ
ผักชีฝรั่ง
หัวผักกาด
หัวไชเท้า
หอม
ขึ้นฉ่าย
ผักโขม
ขิง
ฟักทอง

# 39 - Musica

| | | | | | | | | | | | | | | |
|---|---|---|---|---|---|---|---|---|---|---|---|---|---|---|
| ก | บ | น | ◌ั | ก | ด | น | ต | ร | ◌ี | ป | ผ | ร | ณ | จ |
| ◌ิ | า | ◌ั | บ | ษ | ล | ห | ฝ | ณ | ษ | บ | ข | ◌้ | ท | ◌ั |
| ส | ◌่ | ร | ล | ศ | ช | ค | บ | ท | ก | ว | ◌ี | อ | ข | ง |
| ส | ร | เ | บ | ล | ค | ◌ั | ร | ◌ิ | ◌ี | ล | ด | ง | ด | ห |
| า | ป | จ | ฉ | ◌ั | า | ย | ซ | ป | ถ | ะ | ะ | เ | ว | ว |
| ล | เ | ◌ี | ร | ต | น | ด | ผ | เ | แ | ฟ | จ | พ | ง | ะ |
| ค | อ | ง | อ | น | ◌ำ | ท | ฉ | ส | ว | ษ | ไ | ล | อ | ว |
| โ | โ | ต | ธ | ฟ | อ | จ | ◌ื | ฉ | ม | ณ | ง | ง | ร | ห |
| อ | ฉ | ร | า | โ | ◌ั | ถ | ะ | ก | ด | ผ | ข | แ | ◌้ | ง |
| ◌๊ | ฉ | า | ร | ร | ล | ะ | ร | ภ | ค | า | ส | แ | ก | จ |
| ะ | ด | ส | ไ | ค | บ | ป | ย | ง | ฟ | บ | ภ | า | ◌ั | ◌ั |
| โ | ณ | า | ว | โ | ◌ั | ถ | ญ | ม | ย | ข | ป | ฟ | น | น |
| อ | ษ | ร | ช | ม | ◌้ | ก | อ | พ | ศ | ญ | ซ | พ | ย | ◌็ |
| ◌่ | ค | อ | บ | ไ | ม | ศ | บ | เ | ภ | ไ | ต | ฉ | น | ป |
| ค | ว | า | ม | ส | า | ม | ◌ั | ค | ค | ◌ี | บ | ล | ป | เ |

อัลบั้ม
ความสามัคคี
บัลลาด
นักร้อง
ร้องเพลง
คลาสสิก
ผสมผสาน
โอ๊ะโอ่
ลีริคัล
ทำนอง
ไมโครโฟน
ดนตรี
นักดนตรี
โอเปร่า
บทกวี
การบันทึก
เป็นจังหวะ
จังหวะ
ตราสาร

# 40 - Barbecue

| | | | | | | | | | | | | | | |
|---|---|---|---|---|---|---|---|---|---|---|---|---|---|---|
| ก | ส | ถ | ก | ซ | ฉ | พ | ภ | ห | ห | ถ | ไ | ท | จ | บ |
| ย | ◌่ | า | ง | า | น | ธ | ส | ด | ◌ั | ล | ส | ช | ถ | ข |
| ญ | จ | พ | ข | แ | ร | ะ | ธ | ข | ว | ว | อ | อ | ม | ว |
| ต | า | ร | ล | ะ | ฟ | เ | ญ | แ | ห | ◌ั | ซ | ม | ญ | ด |
| ล | ป | ◌ิ | บ | ษ | ส | น | ช | น | อ | ร | ◌้ | ◌ู | ด | ฤ |
| ไ | ซ | ก | ฟ | ง | ถ | ธ | า | ◌ี | ม | ค | ศ | เ | ณ | ว |
| อ | ฟ | ไ | ซ | อ | ฝ | ข | ท | ค | ◌้ | บ | ย | ม | ร | า |
| ด | ศ | ท | เ | อ | ◌ื | ข | เ | ะ | ม | อ | ญ | ศ | ◌้ | ฉ |
| ◌ี | น | ย | ศ | ณ | ฉ | ค | บ | น | ไ | ร | เ | ษ | อ | ภ |
| ม | ส | ต | แ | า | เ | ข | ญ | ญ | ล | ค | ท | ช | น | ธ |
| ก | ห | ไ | ร | ฉ | ศ | ก | ษ | า | ผ | พ | ฝ | ร | ◌ิ | ภ |
| เ | น | ย | า | ◌ี | ไ | เ | ล | ย | อ | ต | น | ง | ร | ญ |
| ศ | า | ส | ห | ภ | ษ | ผ | ฝ | ◌ี | ค | ม | ะ | ภ | ไ | ผ |
| อ | า | ห | า | ร | เ | ย | ◌็ | น | อ | ไ | ก | ◌่ | ภ | แ |
| ผ | จ | ธ | อ | ค | แ | น | ค | ว | า | ม | ห | ◌ิ | ว | ไ |

ร้อน
อาหารเย็น
อาหาร
หัวหอม
มีด
ฤดูร้อน
ความหิว
ครอบครัว
ผลไม้
เกม
ย่าง
สลัด
การเชื้อเชิญ
ดนตรี
พริกไทย
ไก่
มะเขือเทศ
เกลือ
ซอส

# 41 - Insetti

| | | | | | | | | | | | | | | |
|---|---|---|---|---|---|---|---|---|---|---|---|---|---|---|
| ฉ | ถ | ค | ษ | ย | ด | อ | ม | ร | ล | ป | แ | อ | ก | ล |
| ฟ | ร | ส | ถ | อ | ห | ◌่ | ข | ช | ม | ส | ธ | ช | ง | ฟ |
| ล | ส | ช | ฉ | ภ | น | ต | แ | ก | ◌๊ | ◌ั | ต | เ | แ | ช |
| ป | ญ | ส | ด | ค | อ | ป | ง | ล | ม | แ | ป | ม | ต | แ |
| อ | า | ภ | ห | ฟ | น | อ | อ | ◌่ | ว | ◌ั | ต | ซ | น | ณ |
| ส | ธ | ท | เ | ะ | ย | ะ | แ | ต | ย | ม | ด | แ | แ | ส |
| ◌ี | า | พ | ◌ั | ด | ◌้ | ว | ง | ผ | ◌ึ | ◌้ | ง | ต | ต | ข |
| ◌้ | ร | ะ | ะ | ง | อ | ท | า | ◌่ | ต | เ | ◌ี | า | น | ะ |
| เ | ป | บ | ห | น | ก | ว | ล | ป | ต | ฉ | ค | ล | ณ | น |
| ◌ี | ห | ส | ซ | ฉ | ไ | า | า | ซ | ร | ช | ย | ย | พ | ไ |
| ผ | จ | ◌็ | ะ | เ | แ | อ | พ | ฟ | า | ภ | แ | ฝ | อ | เ |
| อ | ง | ภ | บ | า | ส | ง | ล | ม | แ | ว | ธ | ผ | ะ | ฉ |
| ส | ไ | ฟ | ณ | ฉ | ถ | ศ | ศ | ป | ส | เ | ป | ป | ศ | บ |
| ศ | ข | ช | ณ | ะ | ม | ฉ | น | ง | ค | ญ | ย | ◌ุ | ง | ข |
| จ | ◌ั | ก | จ | ◌ั | ◌่ | น | ต | แ | ด | พ | บ | ร | แ | ฟ |

เพลี้ย
ผึ้ง
แตน
ตั๊กแตน
จักจั่น
เต่าทอง
ด้วง
มอด
ผีเสื้อ
มด
ตัวอ่อน
แมลงปอ
ปาทังกา
กงแตนแตน
เห็บ
แมลงสาบ
ปลวก
หนอน
ต่อ
ยุง

# 42 - Fisica

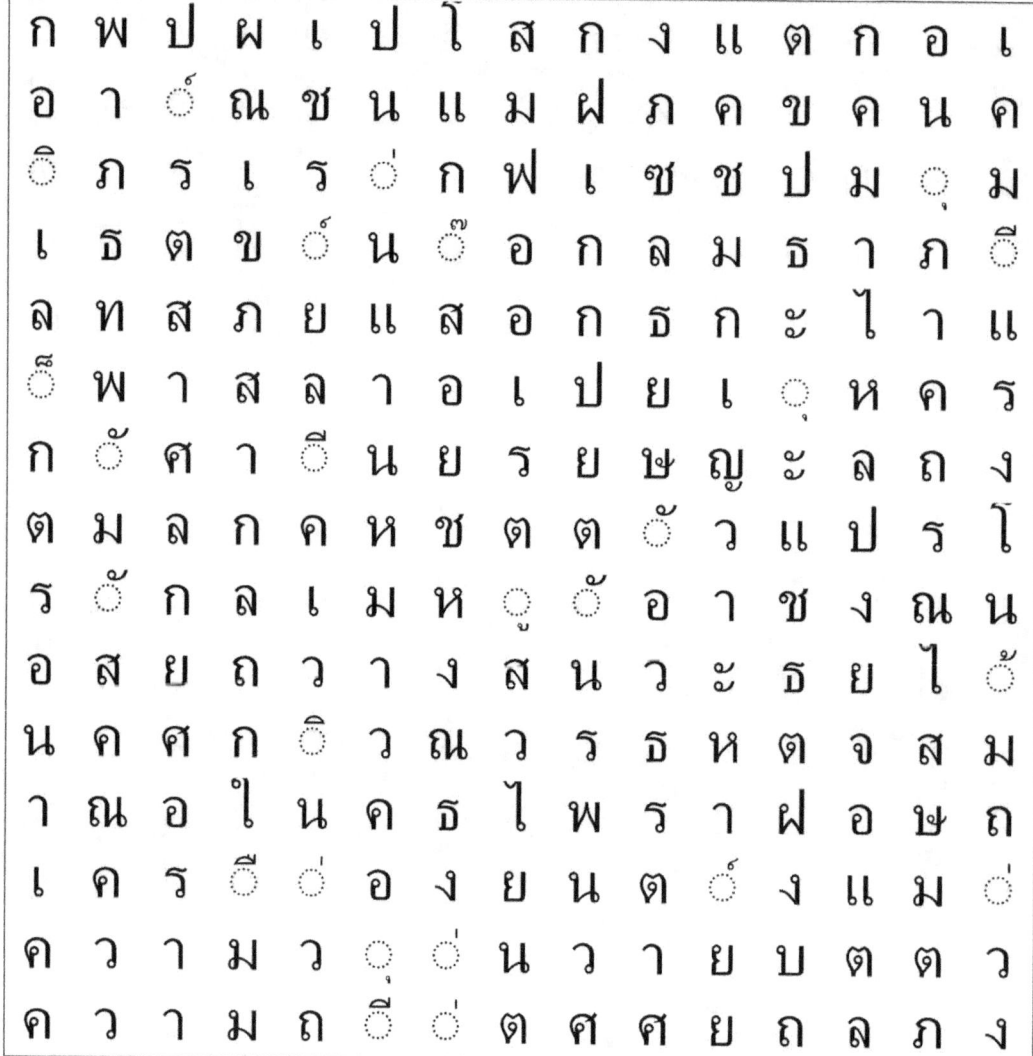

| | | | | | | | | | | | | | | |
|---|---|---|---|---|---|---|---|---|---|---|---|---|---|---|
| ก | พ | ป | ผ | เ | ป | โ | ส | ก | ง | แ | ต | ก | อ | เ |
| อ | า | ◌์ | ณ | ช | น | แ | ม | ฝ | ภ | ค | ข | ค | น | ค |
| ◌ิ | ภ | ร | เ | ร | ◌่ | ก | ฟ | เ | ซ | ช | ป | ม | ◌ุ | ม |
| เ | ธ | ต | ข | ◌์ | น | ◌๊ | อ | ก | ล | ม | ธ | า | ภ | ◌ี |
| ล | ท | ส | ภ | ย | แ | ส | อ | ก | ธ | ก | ะ | ไ | า | แ |
| ◌็ | พ | า | ส | ล | า | อ | เ | ป | ย | เ | ◌ุ | ห | ค | ร |
| ก | ◌ั | ศ | า | ◌ี | น | ย | ร | ย | ษ | ญ | ะ | ล | ถ | ง |
| ต | ม | ล | ก | ค | ห | ช | ต | ต | ◌ั | ว | แ | ป | ร | โ |
| ร | ◌ั | ก | ล | เ | ม | ห | ◌ู | ◌ั | อ | า | ช | ง | ณ | น |
| อ | ส | ย | ถ | ว | า | ง | ส | น | ว | ะ | ธ | ย | ไ | ◌้ |
| น | ค | ศ | ก | ◌ิ | ว | ณ | ว | ร | ธ | ห | ต | จ | ส | ม |
| า | ณ | อ | ไ | น | ค | ธ | ไ | พ | ร | า | ฝ | อ | ษ | ถ |
| เ | ค | ร | ◌ื | ◌่ | อ | ง | ย | น | ต | ◌์ | ง | แ | ม | ◌่ |
| ค | ว | า | ม | ว | ◌ุ | ◌่ | น | ว | า | ย | บ | ต | ต | ว |
| ค | ว | า | ม | ถ | ◌ี | ◌่ | ต | ศ | ศ | ย | ถ | ล | ภ | ง |

อะตอม
ความวุ่นวาย
เคมี
ความหนาแน่น
อิเล็กตรอน
การขยายตัว
สูตร
ความถี่
แก๊ส
แรงโน้มถ่วง
กลศาสตร์
โมเลกุล
เครื่องยนต์
นิวเคลียร์
อนุภาค
สัมพัทธภาพ
สากล
ตัวแปร

# 43 - Agronomia

| | | | | | | | | | | | | | | |
|---|---|---|---|---|---|---|---|---|---|---|---|---|---|---|
| ต | ซ | ะ | อ | า | ห | า | ร | พ | ล | ◌ั | ง | ง | า | น |
| เ | ก | ษ | ต | ร | ก | ร | ร | ม | ย | ช | ร | จ | ไ | อ |
| ส | ◌ิ | ◌่ | ง | แ | ว | ด | ล | ◌้ | อ | ม | ร | ณ | ซ | ◌่ |
| ถ | ฟ | ม | บ | แ | ด | บ | น | ย | ◌ี | ง | ◌่ | ◌ั | ย | ร |
| ก | ต | ษ | ป | ะ | ไ | ญ | ◌ิ | ◌้ | า | ท | ว | บ | ย | า |
| ไ | า | ค | น | ย | ช | า | ด | ซ | ◌ำ | ะ | ะ | น | ◌์ | เ |
| ฟ | ข | ร | น | ◌ิ | เ | ว | ศ | ว | ◌ิ | ท | ย | า | ร | ช |
| ษ | ซ | โ | ผ | ห | ช | ถ | ะ | ก | ง | บ | เ | ค | ◌ี | ถ |
| ร | ม | ด | ◌็ | ล | ม | เ | ก | ณ | ห | น | ร | ภ | ท | ศ |
| ะ | ล | ย | จ | ◌ั | ◌ิ | ว | ฉ | อ | ศ | ช | ◌ี | ถ | น | น |
| บ | พ | ถ | เ | ร | ◌์ | ต | ส | า | ศ | า | ย | ท | ◌ิ | ว |
| บ | ◌ิ | ภ | ภ | บ | ข | ไ | ณ | อ | ป | ล | น | ข | อ | ภ |
| ซ | ษ | ฝ | จ | ย | ห | ต | ไ | ผ | ผ | ◌ุ | ม | บ | ผ | ถ |
| ญ | ฝ | ย | ศ | ญ | ห | ช | เ | เ | ซ | ไ | ◌๋ | ย | ฝ | ม |
| ร | ณ | ร | ช | ะ | ร | ศ | ผ | ภ | ย | ะ | ณ | ย | ญ | ไ |

น้ำ
เกษตรกรรม
สิ่งแวดล้อม
อาหาร
นิเวศวิทยา
พลังงาน
ร่อน
ปุ๋ย
มลพิษ
โรค
อินทรีย์
การผลิต
วิจัย
ชนบท
วิทยาศาสตร์
เมล็ด
ระบบ
ยั่งยืน
เรียน
ดิน

# 44 - Erboristeria

| | | | | | | | | | | | | | | |
|---|---|---|---|---|---|---|---|---|---|---|---|---|---|---|
| ก | บ | บ | ร | ฉ | ม | ว | ค | ผ | ส | ห | ส | ห | ม | ร |
| ไ | า | ธ | ห | ณ | ◌ิ | ผ | บ | ◌ั | ห | ษ | ◌่ | ญ | พ | ง |
| จ | ธ | ร | ะ | ป | น | พ | น | ก | อ | ฉ | ว | ◌้ | ด | โ |
| ป | ไ | ม | ท | อ | ต | น | า | ช | ม | ไ | น | า | ค | ร |
| อ | แ | อ | ◌์ | ◌ำ | ◌์ | อ | พ | ◌ี | ร | ก | ผ | ฝ | ส | ส |
| อ | ส | ะ | ร | ฉ | อ | ก | ะ | ล | แ | ร | ส | ร | ว | แ |
| ร | ภ | ไ | อ | ข | จ | า | ร | า | จ | ะ | ม | ◌ั | น | ม |
| ◌ิ | ส | พ | ด | ฝ | ว | ร | ห | ว | โ | เ | ย | ◌่ | ษ | ร |
| ก | พ | บ | เ | ภ | บ | ◌์ | โ | า | ◌์ | ท | ะ | น | า | ◌ี |
| า | ค | ย | น | จ | ษ | ร | ผ | ม | ร | ◌ี | ต | ป | ง | ◌่ |
| โ | ◌ุ | ฝ | ว | ถ | ค | า | แ | ห | า | ย | ห | พ | ว | ค |
| น | ณ | ฟ | เ | ม | ญ | ท | ค | ป | ม | ม | ถ | ค | ไ | ค |
| ◌่ | ภ | ผ | า | ผ | ◌ั | ก | ช | ◌ี | ฝ | ร | ◌ั | ◌่ | ง | ค |
| ก | า | ท | ล | เ | ม | ◌็ | ด | ย | ◌ี | ◌่ | ห | ร | ◌่ | า |
| ณ | พ | ด | อ | ก | ไ | ม | ◌้ | เ | ข | ◌ี | ย | ว | ย | ม |

กระเทียม
ผักชีลาว
หอม
โหระพา
การทำอาหาร
ทาร์รากอน
เม็ดยี่หร่า
ดอกไม้
สวน
ส่วนผสม
ลาเวนเดอร์
มาร์โจแรม
มินต์
ออริกาโน่
ผักชีฝรั่ง
คุณภาพ
โรสแมรี่
ไธม์
เขียว
หญ้าฝรั่น

# 45 - Biologia

| | | | | | | | | | | | | | | |
|---|---|---|---|---|---|---|---|---|---|---|---|---|---|---|
| เ | ด | ศ | ช | ศ | ซ | ณ | ข | ฮ | ส | เ | ภ | บ | ไ | ณ |
| โ | อ | ท | ท | ป | ต | ณ | ษ | อ | ญ | ไ | น | ไ | ซ | ฝ |
| ค | โ | น | ว | ส | ◌ิ | บ | ฝ | ร | ไ | ช | พ | ร | แ | ร |
| ร | ร | จ | ไ | ◌ิ | า | ห | บ | ◌์ | ล | ล | ซ | เ | น | า |
| โ | ◌ิ | เ | ศ | ซ | ช | ◌ี | พ | โ | ษ | ส | ภ | ช | ป | ซ |
| ม | บ | า | ฝ | ม | ม | ล | ค | ม | ะ | ย | ส | ม | ส | ะ |
| โ | ม | ล | ฝ | โ | ร | ◌์ | ส | น | น | ล | ม | แ | ◌์ | ว |
| ซ | ◌็ | ล | แ | ส | ร | แ | บ | ค | ท | ◌ี | เ | ร | ◌ี | ย |
| ม | อ | อ | บ | อ | ธ | ว | ว | จ | ไ | ค | ต | ม | ล | ◌ั |
| ญ | เ | ค | ม | อ | น | ม | ล | แ | ฉ | เ | ศ | ร | ค | ว |
| ด | ก | ด | จ | ด | ◌็ | ไ | ม | ข | ย | ว | ว | ค | ป | อ |
| ท | า | ส | ะ | ร | ป | น | ◌้ | ส | เ | ◌ิ | ร | ช | ศ | โ |
| ต | ช | ษ | ผ | ข | เ | อ | ถ | ท | ผ | น | ผ | น | ศ | บ |
| ซ | ◌ิ | ม | ไ | บ | โ | อ | ซ | ◌ิ | ส | ษ | ค | ณ | า | า |
| ก | า | ร | ก | ล | า | ย | พ | ◌ั | น | ธ | ◌ุ | ◌์ | ศ | อ |

แบคทีเรีย
เซลล์
คอลลาเจน
โครโมโซม
เอ็มบริโอ
เอนไซม์
การกลายพันธุ์
เป็นธรรมชาติ
เส้นประสาท
นิวเคลียส
อวัยวะ
ฮอร์โมน
ออสโมซิส
พืช
โปรตีน
ซิมไบโอซิส
ไซแนปส์

# 46 - Attività Commerciale

| | | | | | | | | | | | | | | |
|---|---|---|---|---|---|---|---|---|---|---|---|---|---|---|
| บ | โ | ค | ผ | ด | แ | เ | ก | พ | ถ | พ | า | เ | ก | ช |
| ร | ร | ย | ◌์ | ฉ | ม | พ | ง | ◌ำ | ◌้ | ด | ไ | ย | า | ร |
| ◌ิ | ง | ณ | ร | ธ | ด | น | น | ◌ิ | ไ | ย | ภ | า | ร | พ |
| ษ | ง | ล | ต | ◌ุ | ป | ◌ั | า | ภ | น | ร | ซ | ข | เ | ซ |
| ◌ั | า | า | ส | ร | ต | ก | ย | บ | ◌ุ | ต | ร | ณ | ง | ธ |
| ท | น | า | า | ก | ไ | ง | จ | ษ | ท | ไ | ร | ย | ◌ิ | แ |
| ด | ◌ิ | ฝ | ศ | ร | น | า | ◌้ | ร | ง | อ | ด | า | น | ธ |
| า | ง | ค | ฐ | ร | ก | น | า | ข | ล | อ | ม | จ | ศ | ภ |
| ซ | เ | อ | ษ | ม | เ | ผ | ง | บ | ร | ฟ | ล | ◌่ | ะ | ส |
| ง | บ | ป | ร | ะ | ม | า | ณ | เ | า | ฟ | ะ | ช | ล | ◌ิ |
| ญ | ท | ศ | ศ | ผ | ณ | ว | บ | า | ก | ◌ิ | ห | ◌้ | น | น |
| ไ | จ | ห | เ | า | ล | ญ | ภ | ศ | เ | ศ | ค | ไ | ม | ค |
| ค | ช | พ | ง | ศ | ไ | เ | า | ฉ | พ | ◌ี | ช | า | อ | ◌้ |
| ษ | ข | ร | ษ | ะ | ไ | น | น | ด | ล | น | ว | ◌่ | ส | า |
| อ | ภ | น | า | ค | แ | ะ | ง | ล | ณ | อ | ฟ | ค | บ | ศ |

งบประมาณ
อาชีพ
ค่าใช้จ่าย
นายจ้าง
พนักงาน
เศรษฐศาสตร์
โรงงาน
การเงิน
การลงทุน
สินค้า
ร้าน
กำไร
รายได้
ส่วนลด
บริษัท
เงิน
ธุรกรรม
ออฟฟิศ
เงินตรา
ขาย

# 47 - Fiori

| | | | | | | | | | | | | | | |
|---|---|---|---|---|---|---|---|---|---|---|---|---|---|---|
| ศ | ถ | อ | โ | แ | ด | น | ด | ◌ิ | ไ | ล | อ | อ | น | ซ |
| บ | ล | ท | ไ | ค | ป | ◌๊ | อ | ป | ป | ◌ี | ◌้ | ศ | ด | ฟ |
| ถ | พ | ธ | ท | ม | ล | ศ | ม | ะ | ล | ◌ิ | จ | ร | ง | พ |
| ร | ก | อ | ท | า | ม | เ | ก | ◌้ | ท | ◌ิ | ว | ล | ◌ิ | ป |
| ว | ◌ุ | ต | า | ภ | ◌้ | ห | ว | ด | ไ | ค | ธ | ะ | ไ | อ |
| ฟ | ห | ข | ช | แ | ไ | ก | ย | อ | ร | ย | ป | ง | ล | ว |
| ม | ล | ล | ฉ | ร | ก | า | อ | ศ | ร | ะ | ว | ไ | ◌ี | อ |
| ◌่ | า | เ | ฉ | ห | อ | บ | ไ | ก | า | ◌์ | ษ | ◌้ | ◌่ | บ |
| ว | บ | ◌์ | ร | อ | ด | เ | น | ว | เ | า | ล | ค | ล | ต |
| ง | พ | โ | เ | ง | อ | ◌ี | ร | เ | ว | า | ด | ย | ◌ิ | ก |
| บ | ถ | ว | บ | ซ | ◌่ | ◌ี | ซ | ด | เ | ร | พ | ส | ล | น |
| น | ม | ว | ◌ี | ต | ช | บ | า | เ | ส | า | ว | ร | ส | ค |
| ข | ง | อ | ล | ย | ◌ั | แ | ม | ก | โ | น | เ | ล | ◌ี | ย |
| น | ล | ค | ก | ท | ภ | ◌๋ | พ | ◌ุ | ด | ส | ช | ฟ | ห | แ |
| บ | ช | น | ◌ั | ว | ะ | ต | น | า | ท | ก | อ | ด | อ | จ |

ดาวเรือง
แดนดิไลออน
พุด
มะลิ
ลิลลี่
ดอกทานตะวัน
ชบา
ลาเวนเดอร์
ม่วง
แมกโนเลีย
เดซี่
ช่อดอกไม้
กล้วยไม้
ป๊อปปี้
เสาวรส
โบตั๋น
กลีบ
กุหลาบ
โคลเวอร์
ทิวลิป

# 48 - Filantropia

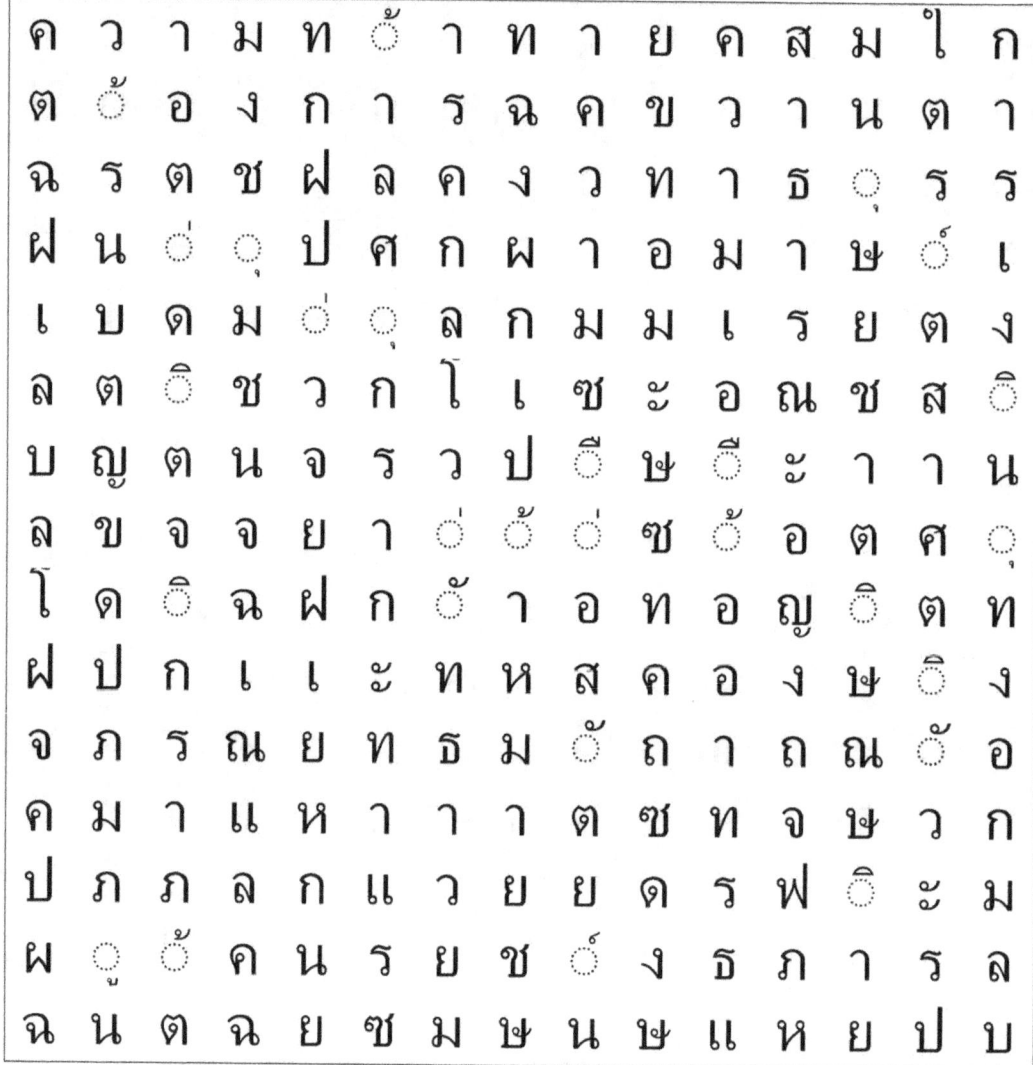

| | | | | | | | | | | | | | | |
|---|---|---|---|---|---|---|---|---|---|---|---|---|---|---|
| ค | ว | า | ม | ท | ◌้ | า | ท | า | ย | ค | ส | ม | ไ | ก |
| ต | ◌้ | อ | ง | ก | า | ร | ฉ | ค | ข | ว | า | น | ต | า |
| ฉ | ร | ต | ช | ฝ | ล | ค | ง | ว | ท | า | ธ | ◌ุ | ร | ร |
| ฝ | น | ◌่ | ◌ุ | ป | ศ | ก | ผ | า | อ | ม | า | ษ | ◌์ | เ |
| เ | บ | ด | ม | ◌่ | ◌ุ | ล | ก | ม | ม | เ | ร | ย | ต | ง |
| ล | ต | ◌ิ | ช | ว | ก | โ | เ | ซ | ะ | อ | ณ | ช | ส | ◌ิ |
| บ | ญ | ต | น | จ | ร | ว | ป | ◌ื | ษ | ◌ื | ะ | า | า | น |
| ล | ข | จ | จ | ย | า | ◌่ | ◌้ | ◌่ | ซ | ◌้ | อ | ต | ศ | ◌ุ |
| โ | ด | ◌ิ | ฉ | ฝ | ก | ◌ั | า | อ | ท | อ | ญ | ◌ิ | ต | ท |
| ฝ | ป | ก | เ | เ | ะ | ท | ห | ส | ค | อ | ง | ษ | ◌ิ | ง |
| จ | ภ | ร | ณ | ย | ท | ธ | ม | ◌ั | ถ | า | ถ | ณ | ◌ั | อ |
| ค | ม | า | แ | ห | า | า | า | ต | ซ | ท | จ | ษ | ว | ก |
| ป | ภ | ภ | ล | ก | แ | ว | ย | ย | ด | ร | ฝ | ◌ิ | ะ | ม |
| ผ | ◌ู | ◌้ | ค | น | ร | ย | ช | ◌์ | ง | ธ | ภ | า | ร | ล |
| ฉ | น | ต | ฉ | ย | ซ | ม | ษ | น | ษ | แ | ห | ย | ป | บ |

ต้องการ
การกุศล
ชุมชน
ติดต่อ
บริจาค
การเงิน
กองทุน
ความเอื้ออาทร
เยาวชน
ทั่วโลก
กลุ่ม
ภารกิจ
เป้าหมาย
ความซื่อสัตย์
ผู้คน
โปรแกรม
สาธารณะ
ความท้าทาย
ประวัติศาสตร์
มนุษยชาติ

# 49 - Ecologia

| | | | | | | | | | | | | | | |
|---|---|---|---|---|---|---|---|---|---|---|---|---|---|---|
| เ | แ | แ | ต | ป | ซ | ห | พ | ◌ิ | ว | ย | ะ | ค | ภ | ท |
| บ | ◌ึ | ง | ไ | ร | อ | ป | ญ | ต | ส | บ | น | ว | ◌ู | ◌ั |
| ท | ◌ี | ◌่ | อ | ย | ◌ู | ◌่ | อ | า | ศ | ◌ั | ย | า | ม | ◌่ |
| ฝ | ช | อ | พ | ด | ฟ | ไ | ฝ | ช | ง | ท | ◌ี | ม | ◌ิ | ว |
| ต | ภ | ◌ู | เ | ข | า | ล | ย | ม | ห | ร | ง | ห | อ | โ |
| แ | ล | ◌้ | ง | ภ | ย | ญ | อ | ร | จ | ◌ั | ◌่ | ล | า | ล |
| จ | ข | ธ | เ | ม | ต | เ | ณ | ร | ค | พ | ◌ั | า | ก | ก |
| พ | ต | ห | ก | ช | ข | ล | ร | ธ | า | ย | ย | ก | า | ล |
| ท | ท | ก | พ | ไ | ท | า | แ | ธ | ป | า | ช | ห | ศ | ล |
| อ | า | ส | า | ส | ม | ◌ั | ค | ร | ◌่ | ก | ผ | ล | ฉ | ธ |
| ธ | ◌ุ | ◌์ | น | ◌ั | พ | ย | า | ส | ว | ร | ไ | า | ช | ก |
| ช | ง | ผ | ช | ศ | ฝ | ◌ื | ม | ฉ | ◌์ | เ | ธ | ย | ซ | ฉ |
| ฝ | อ | ฉ | ม | เ | ฉ | า | ช | ค | ต | ท | ะ | เ | ล | ส |
| ก | ล | ธ | ◌ุ | ไ | ณ | ธ | ต | ล | ◌ั | ถ | ท | ะ | ต | แ |
| ง | ช | ผ | ช | ง | อ | ห | ค | อ | ส | แ | ท | ถ | ง | ศ |

ภูมิอากาศ
ชุมชน
ความหลากหลาย
สัตว์ป่า
ฟลอรา
ทั่วโลก
ที่อยู่อาศัย
ทะเล
ภูเขา
ธรรมชาติ
บึง
ทรัพยากร
แล้ง
ยั่งยืน
สายพันธุ์
พืช
อาสาสมัคร

# 50 - Discipline Scientifiche

| | | | | | | | | | | | | | | |
|---|---|---|---|---|---|---|---|---|---|---|---|---|---|---|
| จ | ญ | ส | ธ | ภ | ส | ด | จ | ◌ิ | ต | ว | ◌ิ | ท | ย | า |
| ร | อ | ว | ร | า | ◌ั | า | ย | ท | ว | ◌ิ | ร | ◌ี | ร | ส |
| า | ว | า | ณ | ษ | ง | ร | ป | แ | อ | พ | ว | อ | ช | อ |
| ก | ป | ย | ◌ี | า | ค | า | ร | ร | ช | ฤ | ร | ◌ุ | จ | ◌ุ |
| า | ไ | ท | ว | ศ | ม | ศ | ะ | ◌่ | ◌ี | ก | ถ | ต | ต | ณ |
| น | ฉ | ว | ◌ิ | า | ว | า | ส | ว | ว | ษ | เ | ◌ุ | พ | ห |
| ช | ฉ | ◌ิ | ท | ส | ◌ิ | ส | า | ◌ิ | ว | ศ | เ | น | จ | พ |
| ภ | ◌ี | ศ | ย | ต | ท | ต | ท | ท | ◌ิ | า | ค | ◌ิ | ห | ล |
| โ | ธ | ว | า | ร | ย | ร | ว | ย | ท | ส | ม | ย | ◌ุ | ศ |
| ช | ท | เ | เ | ◌์ | า | ◌์ | ◌ิ | า | ย | ต | ◌ี | ม | ◌่ | า |
| ญ | แ | ◌ิ | บ | ค | ร | จ | ท | ล | า | ร | ข | ว | น | ส |
| ษ | ฉ | น | น | ข | ม | ม | ย | ไ | ง | ◌์ | ม | ◌ิ | ย | ต |
| ต | ส | ญ | ธ | ะ | ไ | ◌ี | า | เ | ถ | เ | ซ | ท | น | ร |
| พ | ผ | ม | ณ | โ | บ | ร | า | ณ | ค | ด | ◌ี | ย | ต | ◌์ |
| ก | ล | ศ | า | ส | ต | ร | ◌์ | ผ | ฝ | ฝ | เ | า | ◌์ | ส |

โบราณคดี
ดาราศาสตร์
ชีวเคมี
ชีววิทยา
พฤกษศาสตร์
เคมี
นิเวศวิทยา
สรีรวิทยา
ธรณีวิทยา
ภาษาศาสตร์
กลศาสตร์
อุตุนิยมวิทยา
แร่วิทยา
ประสาทวิทยา
โภชนาการ
จิตวิทยา
หุ่นยนต์
สังคมวิทยา
อุณหพลศาสตร์

# 51 - Scienza

| | | | | | | | | | | | | | | |
|---|---|---|---|---|---|---|---|---|---|---|---|---|---|---|
| ะ | ญ | ณ | บ | เ | ว | ◌ิ | ว | ◌ั | ฒ | น | า | ก | า | ร |
| อ | ะ | ต | อ | ม | ค | แ | ก | า | ร | ท | ด | ล | อ | ง |
| ข | ฟ | ก | ว | น | ช | ม | ร | ซ | ฟ | จ | อ | ผ | ช | ย |
| ◌้ | อ | เ | ฉ | ◌ิ | ธ | ห | ◌ี | ◌่ | แ | ฝ | ช | ต | ษ | ะ |
| อ | ส | ง | ว | น | ช | ธ | น | ก | ธ | เ | เ | ณ | ก | ศ |
| ม | ซ | ◌ั | ด | ถ | ค | ◌ี | แ | ไ | ค | า | ภ | ◌ุ | น | อ |
| ◌ู | ◌ิ | ส | อ | ส | ห | ◌ิ | ม | แ | ส | ฝ | ต | ญ | พ | น |
| ล | ล | ร | ร | ะ | บ | ว | ถ | ◌ี | ร | ส | ย | ◌ุ | ฟ | เ |
| ค | น | า | ฐ | ◌ิ | ต | ม | ม | ส | ง | พ | ◌ี | ช | ◌ิ | พ |
| ล | ◌ุ | ก | ล | เ | ม | โ | ก | ต | พ | ◌่ | ต | า | ส | ภ |
| แ | ร | ง | โ | น | ◌้ | ม | ถ | ◌่ | ว | ง | ◌ิ | จ | ◌ิ | ไ |
| ธ | ร | ร | ม | ช | า | ต | ◌ิ | ก | ณ | ก | า | ส | ก | ท |
| ข | ◌้ | อ | เ | ท | ◌็ | จ | จ | ร | ◌ิ | ง | ษ | แ | ส | ภ |
| ภ | ล | บ | ห | ต | ไ | ช | ก | ซ | ซ | ว | ภ | ไ | ◌์ | ไ |
| ภ | ◌ู | ม | ◌ิ | อ | า | ก | า | ศ | ฟ | ส | ต | ส | ม | ท |

อะตอม
เคมี
ภูมิอากาศ
ข้อมูล
การทดลอง
วิวัฒนาการ
ข้อเท็จจริง
ฟิสิกส์
ฟอสซิล
แรงโน้มถ่วง
สมมติฐาน
วิธี
แร่ธาตุ
โมเลกุล
ธรรมชาติ
สิ่งมีชีวิต
การสังเกต
อนุภาค
พืช

# 52 - Acqua

| | | | | | | | | | | | | | | |
|---|---|---|---|---|---|---|---|---|---|---|---|---|---|---|
| พ | บ | แ | แ | ก | ก | า | ร | ร | ะ | เ | ห | ย | น | ล |
| น | า | ธ | ม | ร | ล | ด | า | ช | ข | ม | ต | ม | ◌้ | อ |
| ◌้ | ส | ย | ข | ◌่ | ง | ว | ธ | ◌ี | ย | ไ | ◌ิ | ห | ◌ำ | า |
| ◌ำ | ล | ย | ◌ุ | น | น | ย | ◌ำ | ◌้ | ค | อ | ต | ห | แ | บ |
| พ | เ | ค | ด | เ | ด | ◌้ | ล | น | ม | น | ะ | ศ | ข | น |
| ◌ุ | ะ | ล | ◌ี | ร | ฮ | ฝ | ◌ำ | ท | ร | ◌้ | ส | จ | ◌็ | ◌้ |
| ร | ท | อ | ◌่ | ณ | ไ | อ | ไ | ต | ส | ◌ำ | ศ | ด | ง | ◌ำ |
| ◌้ | ซ | ง | ม | ช | ซ | ณ | ร | ท | ◌ุ | ม | ส | า | ห | ม |
| อ | น | ฝ | ไ | ภ | ต | น | ป | ◌ิ | ม | จ | ณ | ฟ | ซ | ป |
| น | ม | ข | ด | ฟ | ย | ส | ข | อ | เ | ย | ฝ | ด | ย | ญ |
| พ | ย | ไ | ◌้ | ซ | น | แ | ฟ | ฟ | ล | ค | ค | อ | ล | ฝ |
| ช | ฟ | ม | ว | ท | ◌่ | ◌ำ | ◌้ | น | ซ | ส | น | ซ | ก | ศ |
| ค | ว | า | ม | ช | ◌ี | ◌้ | น | า | ท | ะ | ร | ป | ล | ช |
| ภ | ซ | ไ | ช | อ | ล | จ | ฟ | ญ | ป | ฉ | เ | ณ | ซ | ด |
| ต | ธ | ช | บ | ญ | ค | ณ | ค | ก | ไ | จ | ฝ | น | บ | ป |

น้ำท่วม
คลอง
อาบน้ำ
การระเหย
แม่น้ำ
ลำธาร
น้ำพุร้อน
น้ำแข็ง
ชลประทาน
ทะเลสาบ
มรสุม
หิมะ
มหาสมุทร
คลื่น
ฝน
ดื่มได้
ความชื้น
ชื้น
พายเฮอริเคน
ไอน้ำ

# 53 - Boxe

| | | | | | | | | | | | | | | |
|---|---|---|---|---|---|---|---|---|---|---|---|---|---|---|
| ค | ร | ◌่ | า | ง | ก | า | ย | น | บ | ภ | ส | แ | ข | ถ |
| ะ | เ | ศ | ผ | น | จ | า | ส | ต | ท | ญ | ◌ู | ฟ | แ | ◌ุ |
| แ | น | ต | ภ | แ | น | ส | ◌ิ | ด | ต | ◌ั | ◌้ | ◌ู | ผ | ง |
| น | ม | ษ | ะ | ร | ค | ◌ั | ต | ไ | ผ | ล | ก | ฟ | ห | ม |
| น | ◌ุ | เ | ร | ง | ◌ู | ก | อ | ◌ื | ช | เ | ◌ั | ษ | ธ | ◌ื |
| เ | ม | ศ | ด | ◌ั | ◌่ | ฟ | ข | ก | ท | ฟ | น | ณ | ะ | อ |
| เ | ห | บ | ต | ฆ | แ | โ | ◌้ | ะ | ภ | ศ | ซ | ง | จ | ส |
| ะ | จ | น | ช | ะ | ข | ร | อ | ท | ช | ฝ | พ | บ | ธ | ธ |
| ด | ณ | ญ | ◌ี | ร | ◌่ | พ | ศ | ญ | ส | ศ | ฝ | ย | ก | เ |
| ค | ฟ | ด | ว | ◌่ | ง | ด | อ | ก | ◌ำ | ป | ◌ั | ◌้ | น | ร |
| า | ร | ด | ข | ก | อ | ล | ก | ง | ด | พ | ฉ | ก | ณ | ◌็ |
| ง | ล | ธ | ข | ไ | ล | ย | ล | ผ | ช | ห | ข | ฟ | ว | ว |
| แ | บ | ณ | ช | ไ | ก | า | ร | ก | ◌ู | ◌้ | ค | ◌ี | น | ต |
| ท | ธ | ล | อ | ล | ศ | ค | ฟ | พ | ล | ฟ | ฝ | ก | จ | ญ |
| บ | ข | ส | ฉ | ษ | ซ | พ | ม | ช | ข | ค | า | ป | ต | น |

ทักษะ
มุม
ผู้ตัดสิน
คู่แข่ง
เตะ
ระฆัง
นักสู้
เชือก
ร่างกาย
เหนื่อย
แรง
โฟกัส
ข้อศอก
ถุงมือ
คาง
กำปั้น
คะแนน
เร็ว
การกู้คืน

# 54 - Imbarcazioni

| | | | | | | | | | | | | | | |
|---|---|---|---|---|---|---|---|---|---|---|---|---|---|---|
| เ | ท | ะ | เ | ล | ส | า | บ | ก | ญ | ไ | ส | ฝ | ร | เ |
| ต | ร | ง | แ | ค | น | ◌ู | บ | ด | ะ | ร | พ | ฉ | ย | ร |
| ไ | จ | ◌ื | ส | ส | ร | ส | ช | เ | ห | ล | เ | ะ | ท | ◌ื |
| ฟ | ซ | ท | อ | ม | ส | จ | อ | ร | ◌ื | เ | า | ◌่ | ท | อ |
| ะ | ย | เ | จ | ย | ฝ | ไ | ข | ◌ื | ม | ถ | เ | ส | แ | ข |
| เ | ช | ◌ื | อ | ก | อ | ณ | น | อ | ห | ง | ค | ฝ | ◌ื | ◌้ |
| ไ | ฝ | ต | ไ | ฟ | ฟ | ช | ไ | ใ | า | ย | ร | น | ณ | า |
| อ | ล | ญ | ไ | ถ | ม | ร | ท | บ | ส | ล | ◌ื | ม | ภ | ม |
| ก | น | า | ฟ | ธ | ท | ผ | อ | ◌์ | ม | ◌ู | ◌่ | ง | ค | ฟ |
| แ | น | ส | ภ | ษ | ◌ุ | เ | น | ค | ◌ุ | ก | อ | ว | ค | า |
| ศ | ม | แ | ธ | ท | ◌่ | ส | ถ | ต | ท | เ | ง | ส | ด | ก |
| ไ | ด | ◌่ | ต | ฝ | น | า | ณ | ว | ร | ร | ย | จ | ช | พ |
| ป | จ | า | น | ◌่ | ◌ื | ล | ค | ข | ท | ◌ื | น | ค | ท | ย |
| แ | บ | น | ช | ◌้ | ค | า | ย | ◌ั | ค | อ | ต | ฝ | ถ | ร |
| พ | ษ | ร | ท | ด | ◌ำ | ห | แ | ป | ท | ไ | ◌์ | ฟ | ค | แ |

เสา
สมอ
เรือใบ
ทุ่น
แคนู
เชือก
ท่าเรือ
ลูกเรือ
แม่น้ำ
คายัค

ทะเลสาบ
ทะเล
กะลาสี
เครื่องยนต์
มหาสมุทร
คลื่น
เรือข้ามฟาก
เรือยอชท์
แพ

# 55 - Chimica

| | | | | | | | | | | | | | | |
|---|---|---|---|---|---|---|---|---|---|---|---|---|---|---|
| อ | ห | ญ | ง | า | ◌่ | ด | เ | ก | ล | ◌ี | อ | เ | ท | ภ |
| อ | ◌ิ | เ | ล | ◌็ | ก | ต | ร | อ | น | อ | ะ | ต | อ | ม |
| น | ด | ส | ◌ุ | ว | น | ส | ◌๊ | ก | แ | ฉ | ฉ | ถ | ไ | อ |
| ◌ิ | อ | พ | ก | า | ◌ั | ผ | ต | ◌ั | ว | เ | ร | ◌่ | ง | ◌ุ |
| ว | ห | ห | ล | ถ | ห | เ | อ | น | ไ | ซ | ม | ◌์ | บ | ณ |
| เ | ธ | จ | เ | ง | ◌ำ | ช | ซ | ◌ี | อ | อ | ฟ | ไ | ส | ห |
| ค | ฝ | ก | ม | แ | ◌้ | ง | น | ร | ต | บ | ไ | ต | ธ | ภ |
| ล | ผ | แ | โ | ผ | น | ว | ย | อ | อ | ง | ◌์ | ว | ธ | ◌ู |
| ◌ี | ย | อ | ว | ฉ | อ | ล | ◌์ | ล | อ | ไ | ไ | ร | ไ | ม |
| ย | ฟ | ณ | แ | ล | อ | ห | ร | ค | ก | ญ | บ | ล | า | ◌ิ |
| ร | เ | า | ฉ | ย | อ | เ | ◌ี | จ | ซ | ไ | ฉ | ท | อ | ค |
| ◌์ | จ | เ | บ | น | ไ | ง | ท | ห | ◌ิ | ซ | ส | ก | ะ | ไ |
| ค | ว | า | ม | ร | ◌้ | อ | น | จ | เ | ร | ด | โ | ฮ | ไ |
| ง | ซ | ฉ | ช | ญ | ฝ | ข | ◌ิ | ณ | จ | ส | ง | ป | ม | ณ |
| ข | ฟ | จ | ะ | ต | เ | ม | อ | ป | น | ณ | แ | ค | ธ | ส |

กรด
ด่าง
อะตอม
ความร้อน
คาร์บอน
ตัวเร่ง
คลอรีน
อิเล็กตรอน
เอนไซม์
แก๊ส
ไฮโดรเจน
ไอออน
ของเหลว
โมเลกุล
นิวเคลียร์
อินทรีย์
ออกซิเจน
น้ำหนัก
เกลือ
อุณหภูมิ

# 56 - Api

| | | | | | | | | | | | | | | |
|---|---|---|---|---|---|---|---|---|---|---|---|---|---|---|
| ท | แ | ฉ | เ | ป | ◌็ | น | ป | ร | ะ | โ | ย | ช | น | ◌์ |
| ฟ | ◌ี | ม | ร | ธ | แ | ◌ั | อ | า | ม | ล | ศ | ไ | ป | ด |
| ด | น | ◌่ | ล | ป | ด | ว | า | ผ | ผ | ช | ษ | ณ | ต | ว |
| ท | ผ | อ | อ | ง | า | ค | ห | ศ | ษ | ย | ถ | ซ | ฉ | ง |
| แ | บ | ย | ท | ย | ล | ช | า | ภ | ณ | ก | บ | ไ | ะ | อ |
| ย | ฟ | ไ | ค | ง | ◌ู | ฝ | ร | ล | ป | พ | ฟ | น | ล | า |
| ล | ณ | พ | ว | ผ | ณ | ◌่ | ก | ◌ี | ป | ศ | ◌ี | ท | ม | ท |
| ส | ว | น | ◌ี | ◌ึ | ร | ผ | อ | ผ | บ | ข | ส | ช | น | ◌ิ |
| ฟ | ป | ธ | น | ◌้ | เ | จ | ด | า | ณ | ด | บ | น | ◌้ | ต |
| ฉ | ม | ญ | ษ | ◌้ | ง | ถ | ด | ม | ศ | ไ | ต | ผ | ◌ำ | ย |
| จ | ถ | ฟ | น | ◌ี | ฉ | ข | ป | ม | ง | ◌ั | ร | ล | ผ | ◌์ |
| เ | ธ | า | แ | ข | ญ | ง | ส | า | ร | ภ | ย | ไ | ◌ึ | ภ |
| ษ | ญ | ร | ะ | บ | บ | น | ◌ิ | เ | ว | ศ | ด | ม | ◌้ | ท |
| ค | ว | า | ม | ห | ล | า | ก | ห | ล | า | ย | ◌้ | ง | ว |
| ศ | า | ท | ป | ท | ช | ะ | ด | อ | ก | ไ | ม | ◌้ | ก | ป |

ปีก
รัง
เป็นประโยชน์
ขี้ผึ้ง
อาหาร
ความหลากหลาย
ระบบนิเวศ
ดอกไม้
ดอก
ผลไม้

ควัน
สวน
ที่อยู่อาศัย
แมลง
น้ำผึ้ง
พืช
เรณู
ควีน
ฝูง
ดวงอาทิตย์

# 57 - Strumenti Musicali

| | | | | | | | | | | | | | | |
|---|---|---|---|---|---|---|---|---|---|---|---|---|---|---|
| ร | ญ | ถ | ศ | ฝ | พ | ษ | เ | ป | า | ด | ษ | ม | ฉ | ร |
| ฆ | ◌้ | อ | ง | ก | ◌ี | ต | า | ร | ◌์ | ล | ท | า | ห | ฉ |
| โ | ป | แ | อ | า | ก | ◌้ | น | ◌ิ | ม | โ | ◌์ | ร | า | ฮ |
| อ | ◌ี | ท | ล | ล | ธ | ท | ไ | เ | ต | ข | า | ◌ิ | ผ | ม |
| โ | ◌่ | ม | ก | ก | ล | อ | ง | ว | ป | แ | ศ | ม | ไ | แ |
| บ | บ | บ | ต | ฮ | า | ร | ◌์ | ป | โ | ◌ี | ซ | บ | เ | ซ |
| จ | า | ◌ู | ◌ี | ข | ด | น | ข | แ | ผ | อ | ย | า | ท | ก |
| ผ | ส | ร | ◌้ | ท | ซ | ◌ิ | ล | ส | ต | ญ | ล | โ | ญ | โ |
| ด | ซ | ◌ี | ม | ย | ป | ล | ◌ุ | ฝ | ข | ร | โ | ◌ิ | น | ซ |
| ห | ◌ู | น | ไ | พ | ช | ด | ◌่ | ไ | จ | ม | ล | อ | น | โ |
| เ | น | ภ | ล | น | ผ | โ | ย | ซ | ไ | อ | ช | อ | ญ | ฟ |
| ค | ล | า | ร | ◌ิ | เ | น | ◌็ | ต | จ | ภ | เ | ซ | เ | น |
| ล | ณ | บ | น | บ | โ | ม | อ | ร | ท | ว | ภ | ญ | ม | ข |
| ษ | ณ | จ | โ | น | บ | แ | แ | ศ | ไ | ค | ษ | ก | ด | ป |
| ห | ป | ส | ร | ร | ต | บ | ก | ญ | ไ | ไ | ะ | ไ | ข | ร |

ฮาร์โมนิก้า
ฮาร์ป
ไม้ตีกลอง
แบนโจ
กีตาร์
คลาริเน็ต
ปี่บาสซูน
ขลุ่ย
ฆ้อง
แมนโดลิน
มาริมบา
โอโบ
เปียโน
แซกโซโฟน
แทมบูรีน
กลอง
แตร
ทรอมโบน
ไวโอลิน
เชลโล

# 58 - Professioni #2

| | | | | | | | | | | | | | | |
|---|---|---|---|---|---|---|---|---|---|---|---|---|---|---|
| น | ◌ั | ก | ป | ร | ะ | ด | ◌ิ | ษ | ฐ | ◌์ | น | ผ | ง | จ |
| ค | บ | ศ | ◌ั | ล | ย | แ | พ | ท | ย | ◌์ | ◌ั | ◌ู | ถ | ◌ิ |
| น | ธ | ห | อ | ไ | ห | ญ | ย | ซ | ะ | ย | ก | ◌้ | ท | ต |
| ส | ถ | จ | ว | า | ข | ◌่ | ก | ◌ั | น | ท | บ | ส | ถ | ร |
| ว | ษ | อ | ◌ิ | ฝ | แ | ณ | ะ | ต | ห | พ | ◌ิ | อ | ท | ก |
| น | ◌์ | ล | ศ | พ | ล | ช | น | ล | ณ | แ | น | บ | ◌ั | ร |
| น | ก | ค | ว | ท | ษ | ข | ◌ั | า | ช | ษ | อ | ส | น | ท |
| ส | ◌ั | ก | ก | อ | ท | ท | ก | ญ | ณ | น | ว | ว | ต | ค |
| ม | ร | ก | ร | ร | บ | ป | ส | ช | ล | ถ | ก | น | แ | ร |
| ช | า | ข | บ | ป | ฝ | ส | ◌ื | ร | ◌่ | ล | า | ะ | พ | ◌ู |
| ษ | ณ | ง | ฝ | ◌ิ | ย | ข | บ | ◌ั | ง | า | ศ | จ | ท | ษ |
| ค | ร | ว | ซ | ภ | น | ช | ถ | ป | แ | อ | ง | ห | ย | พ |
| ส | ร | ช | ย | จ | ◌ั | ว | ◌ิ | ก | ◌ั | น | ค | ภ | ◌์ | ฉ |
| ฝ | บ | ณ | ง | ส | ฟ | ม | ย | ◌ั | น | ต | จ | ท | า | ธ |
| ผ | า | ผ | ษ | ณ | ซ | ญ | ข | น | ณ | ไ | ส | ข | ไ | พ |

นักบินอวกาศ
บรรณารักษ์
ศัลยแพทย์
ทันตแพทย์
นักสืบ
นักปรัชญา
ช่างภาพ
คนสวน
นักข่าว
วิศวกร
ครู
นักประดิษฐ์
ผู้สอบสวน
แพทย์
นักบิน
จิตรกร
นักวิจัย

# 59 - Letteratura

| | | | | | | | | | | | | | | |
|---|---|---|---|---|---|---|---|---|---|---|---|---|---|---|
| ผ | ช | ◌ี | ว | ป | ร | ะ | ว | ◌ั | ต | ◌ิ | ส | จ | เ | ก |
| แ | ◌ู | ก | ท | า | ษ | ว | ก | ก | ศ | ก | ◌ั | ข | ล | า |
| ห | ณ | ◌้ | ภ | ฉ | ภ | ง | น | ล | ค | อ | ม | ล | ย | ร |
| ร | ถ | ไ | เ | บ | ท | า | อ | ◌ิ | ผ | ◌็ | ผ | ค | เ | ว |
| ว | เ | ไ | ะ | ข | ท | จ | ล | ค | ย | ล | ◌ั | ว | ฉ | ◌ิ |
| แ | ข | อ | ร | ไ | ◌ี | ว | ก | ท | บ | า | ส | า | บ | เ |
| บ | บ | แ | ป | ◌ู | ร | ย | ◌ิ | ด | ภ | น | ย | ม | ท | ค |
| จ | ◌ั | ง | ห | ว | ะ | า | น | จ | แ | ะ | อ | เ | พ | ร |
| ท | ษ | อ | ไ | ค | ญ | ย | ย | ข | า | อ | ไ | ห | ◌ู | า |
| ธ | ◌ี | ม | า | ธ | ร | ร | ป | ห | ม | ร | ะ | ◌็ | ด | ะ |
| บ | ท | ส | ร | ◌ุ | ป | ร | พ | า | ป | ถ | ณ | น | ก | ห |
| ร | า | ข | ฝ | ไ | ส | บ | ซ | ร | ◌ุ | ช | ษ | ◌์ | ล | ◌์ |
| า | พ | ด | ว | า | า | ◌้ | ภ | ฝ | อ | ว | ก | ถ | ค | ฝ |
| ย | ธ | อ | น | ร | ร | ◌ู | บ | ค | ◌ำ | ไ | ◌ั | ม | ห | ด |
| ไ | ช | ฝ | พ | ญ | ฉ | ผ | ภ | ร | ค | ร | ล | เ | ซ | เ |

การวิเคราะห์
อะนาล็อก
ผู้เขียน
ชีวประวัติ
บทสรุป
บทวิจารณ์
ลักษณะ
บทพูด
ประเภท
คำอุปมา
ผู้บรรยาย
ความเห็น
กลอน
บทกวี
สัมผัส
จังหวะ
นิยาย
รูปแบบ
ธีม

# 60 - Cibo #2

| | | | | | | | | | | | | | | |
|---|---|---|---|---|---|---|---|---|---|---|---|---|---|---|
| เ | ญ | บ | ผ | ก | ส | ล | ช | ก | ใ | น | ไ | ะ | ต | ย |
| ห | ข | ช | ◌็ | อ | ค | โ | ก | แ | ล | ต | ห | ฉ | ฟ | น |
| ◌็ | ข | ◌ี | ฟ | ไ | ญ | ถ | จ | ถ | ง | ◌่ | ก | ไ | ผ | ซ |
| ด | ◌้ | ฝ | ◌้ | ป | เ | ศ | ท | เ | อ | ◌ี | ข | เ | ะ | ม |
| ก | า | ไ | ช | น | ม | ช | ศ | จ | แ | ฉ | น | ไ | แ | ฮ |
| ก | ว | ฝ | จ | ◌่ | ฉ | ภ | ฉ | ป | ษ | ว | ม | ข | อ | แ |
| ส | ◌ี | ช | ง | ◌ุ | ผ | ◌่ | ร | ต | ไ | ะ | ป | ห | ป | ก |
| ม | โ | ว | อ | ง | ผ | ค | า | ช | ษ | แ | ◌ั | ว | เ | ข |
| ะ | ย | ช | ◌ี | อ | ฝ | า | ฝ | ย | ณ | ฝ | ง | ะ | ป | ◌้ |
| เ | เ | ไ | ป | ◌่ | เ | ช | อ | ร | ◌์ | ร | ◌ี | ◌่ | ◌ิ | า |
| ข | ก | ไ | ล | ด | ศ | ว | ว | น | ด | ไ | ฟ | ผ | ◌้ | ว |
| ◌ี | ◌ิ | ป | า | ร | ย | ก | ล | ◌้ | ว | ย | แ | ฟ | ล | ส |
| อ | ร | ป | ษ | ไ | ร | ว | ผ | ญ | น | แ | ง | ข | ะ | า |
| ไ | ◌์ | บ | ร | อ | ก | โ | ค | ล | ◌ี | ญ | ท | ไ | เ | ล |
| ต | ต | ค | เ | บ | ท | า | ส | บ | พ | ไ | ฝ | ค | ย | ◌ี |

กล้วย
บรอกโคลี
เชอร์รี่
ช็อคโกแลต
ชีส
เห็ด
ข้าวสาลี
กีวี่
แอปเปิ้ล
มะเขือ
ขนมปัง
ปลา
ไก่
มะเขือเทศ
แฮม
ข้าว
ขึ้นฉ่าย
ไข่
องุ่น
โยเกิร์ต

# 61 - Nutrizione

| | | | | | | | | | | | | | | |
|---|---|---|---|---|---|---|---|---|---|---|---|---|---|---|
| เ | ญ | ผ | ล | แ | ใ | ส | ไ | ซ | า | แ | ญ | ฝ | ก | ว |
| ค | ว | ต | ส | ต | เ | พ | า | ภ | ข | ◌ุ | ส | ว | า | ◌ิ |
| ร | แ | ร | ป | อ | ศ | ญ | แ | ร | ข | ด | ฟ | ท | ร | ต |
| ◌ี | ก | ด | น | แ | ค | ค | ภ | ข | อ | บ | แ | ต | ห | า |
| ◌่ | ผ | เ | ◌ั | ม | ผ | จ | ภ | า | ◌็ | า | ว | เ | ม | ม |
| อ | ซ | ฮ | ◌ำ | ส | ป | ถ | น | ป | ษ | ง | ห | ก | ◌ั | ◌ิ |
| ง | อ | ไ | ห | ไ | ก | ภ | บ | ม | ◌ิ | อ | แ | า | ก | น |
| เ | ส | บ | น | ค | ◌ุ | ณ | ภ | า | พ | ฉ | แ | ร | ร | ล |
| ท | ก | โ | ◌ั | ไ | ด | ข | ษ | ส | ม | ค | ว | ง | ง | ก |
| ศ | ง | ◌์ | ก | อ | า | ห | า | ร | ม | ม | ะ | อ | ก | า |
| โ | ป | ร | ต | ◌ี | น | ว | ท | ส | ญ | ด | ไ | ป | ◌ิ | ร |
| ต | ย | า | ห | ะ | ร | ก | ม | า | ว | ค | ◌ุ | ล | น | ย |
| ม | ข | ค | ข | อ | ง | เ | ห | ล | ว | น | ธ | ล | ไ | ◌่ |
| ข | ม | ไ | ค | ว | ฉ | ภ | ะ | ข | ถ | ผ | ด | ว | ด | อ |
| ห | บ | บ | แ | ค | ล | อ | ร | ◌ี | ◌่ | แ | อ | ด | ◌ั | ย |

ขม
ความกระหาย
สมดุล
แคลอรี่
คาร์โบไฮเดรต
กินได้
อาหาร
การย่อย
การหมัก
ของเหลว
สารอาหาร
น้ำหนัก
โปรตีน
คุณภาพ
ซอส
สุขภาพ
แข็งแรง
เครื่องเทศ
พิษ
วิตามิน

# 62 - Matematica

| | | | | | | | | | | | | | | |
|---|---|---|---|---|---|---|---|---|---|---|---|---|---|---|
| เ | ล | ข | ค | ณ | ◌ิ | ต | ข | ล | ว | ห | ห | ฟ | ง | แ |
| ม | ซ | ว | ส | ศ | น | ง | ฟ | แ | พ | ร | ม | ซ | ภ | ผ |
| ว | ◌ุ | ะ | ณ | ม | ย | ◌ิ | น | ศ | ท | น | า | น | ข | น |
| ร | ป | ม | ธ | ย | ม | ไ | ค | น | ส | ท | ย | บ | ข | ก |
| ก | ไ | ม | ศ | ◌่ | ษ | า | จ | ฝ | ม | แ | เ | ข | อ | บ |
| ร | า | ผ | ะ | ◌ี | ฉ | ต | ต | น | ก | ว | ล | จ | ค | ข |
| ะ | ฝ | ไ | ฟ | ล | ธ | ผ | ◌ิ | ร | า | ◌ั | ข | ง | น | เ |
| ด | ข | เ | ด | ห | ษ | ษ | จ | ณ | ร | ต | ง | เ | พ | ส |
| ◌ั | เ | ศ | เ | เ | ซ | น | ป | ล | ค | ต | ก | ข | ป | ◌้ |
| บ | ว | ษ | ไ | ม | ณ | า | อ | ง | ศ | า | ล | อ | ษ | น |
| เ | ฟ | ส | ภ | า | ด | ฝ | อ | น | จ | อ | ข | ผ | อ | ร |
| ส | ต | ◌่ | พ | ส | ต | ◌ั | ◌้ | ง | ฉ | า | ก | ร | ก | อ |
| ◌ี | ธ | ว | แ | จ | จ | ถ | ด | ร | บ | ห | ป | ญ | เ | บ |
| ย | ไ | น | า | ช | เ | ฝ | ล | ร | ◌ั | ศ | ม | ◌ี | ซ | ว |
| ง | ฝ | ต | ธ | ซ | ถ | ไ | อ | ไ | ณ | เ | ห | ท | จ | ง |

มุม
เลขคณิต
เส้นรอบวง
ทศนิยม
แผนก
สมการ
ตัวแทน
เศษส่วน
เรขาคณิต
องศา
หมายเลข
ขนาน
ขอบ
ตั้งฉาก
รัศมี
สมมาตร
รวม
สามเหลี่ยม
ระดับเสียง

# 63 - Meditazione

| | | | | | | | | | | | | | | |
|---|---|---|---|---|---|---|---|---|---|---|---|---|---|---|
| ผ | ต | ผ | เ | ฉ | ภ | น | ง | ไ | ศ | ค | บ | ซ | ธ | ธ |
| ษ | บ | ฝ | ษ | ถ | ญ | จ | ป | ส | น | ว | ก | ง | เ | ร |
| ◌ี | ธ | ส | ช | ต | ◌ู | เ | า | ย | แ | า | า | อ | ส | ร |
| ภ | ร | ข | เ | ผ | ญ | ด | แ | ญ | ไ | ม | ร | ม | ◌ั | ม |
| จ | ◌ิ | ต | ส | บ | ◌ั | ◌ั | ง | บ | จ | ส | ส | ม | น | ช |
| ไ | จ | บ | น | ค | ต | ช | ะ | ไ | เ | น | ◌ั | ◌ุ | ต | า |
| ย | บ | ก | น | ด | ก | ม | ฟ | บ | ส | ไ | ง | ม | ◌ิ | ต |
| า | ต | ต | ม | เ | ม | า | ว | ค | ธ | จ | เ | ก | ภ | ◌ิ |
| ห | ช | ศ | ษ | ซ | า | ว | ค | เ | ย | น | ก | ห | า | า |
| ร | ข | ไ | จ | ป | ว | ค | ไ | ว | ฉ | ช | ต | ซ | พ | ถ |
| า | ถ | ช | แ | บ | ค | ค | ต | ง | า | ท | า | ◌่ | ท | แ |
| ก | ค | ว | า | ม | ส | ◌ุ | ข | ◌์ | ณ | ม | ร | า | อ | ซ |
| ก | า | ร | ย | อ | ม | ร | ◌ั | บ | ม | ศ | ค | ห | ฟ | ล |
| ค | ว | า | ม | เ | ง | ◌ี | ย | บ | ค | ไ | เ | ◌ิ | ไ | บ |
| ก | า | ร | เ | ค | ล | ◌ื | ◌่ | อ | น | ไ | ห | ว | ด | ค |

การยอมรับ
ความสนใจ
สงบ
ความชัดเจน
อารมณ์
ความสุข
ความเมตตา
ความกตัญญู
จิต
ใจ
การเคลื่อนไหว
ดนตรี
ธรรมชาติ
การสังเกต
สันติภาพ
ความคิด
ท่าทาง
มุมมอง
การหายใจ
ความเงียบ

# 64 - Antiquariato

| | | | | | | | | | | | | | | |
|---|---|---|---|---|---|---|---|---|---|---|---|---|---|---|
| ม | ร | ร | ก | า | ม | ◌ิ | ต | ะ | ร | ป | ร | า | ผ | ป |
| บ | ธ | ค | ว | ษ | ม | แ | ศ | ก | ก | ณ | า | ช | ◌ิ | ร |
| ท | ษ | แ | ท | ◌้ | ต | ต | ญ | ◌ิ | แ | ษ | ค | ณ | ด | ะ |
| ป | น | ค | ◌่ | า | ส | ง | ◌่ | า | ล | ต | า | ไ | ป | ม |
| ค | ◌ุ | ณ | ภ | า | พ | ร | ท | ห | ญ | ป | ◌่ | บ | ก | ◌ู |
| ต | ล | จ | เ | ง | ◌ื | ◌่ | อ | น | ไ | ข | ะ | ง | ต | ล |
| ญ | ไ | บ | ธ | ษ | ไ | ก | ล | ข | ธ | ธ | ะ | ภ | ◌ิ | ท |
| ฉ | แ | ะ | ผ | ง | ย | แ | ผ | ว | ล | ด | แ | ณ | ก | ศ |
| ต | ร | ◌์ | อ | จ | เ | น | ◌ิ | ◌์ | ร | อ | ฟ | เ | า | ว |
| ฝ | เ | น | ก | ษ | ห | ซ | ะ | อ | ผ | ร | แ | ม | ร | ร |
| บ | บ | แ | ป | ◌ู | ร | แ | ท | ธ | ใ | ร | ล | ษ | ล | ร |
| ห | ศ | ด | ธ | ◌่ | ◌ี | ร | อ | ล | เ | ล | ก | แ | ง | ษ |
| ณ | พ | า | ผ | ค | ย | ผ | ว | ฉ | พ | เ | ษ | ฟ | ท | ถ |
| ต | พ | ม | ว | ษ | ญ | ง | ท | ต | ญ | ฟ | ธ | ผ | ◌ุ | ถ |
| ก | า | ร | ฟ | ◌ื | ◌้ | น | ฟ | ◌ู | ศ | ษ | ย | ป | น | ท |

ศิลปะ
ประมูล
แท้
เงื่อนไข
ทศวรรษ
ตกแต่ง
สง่า
แกลเลอรี่
ผิดปกติ
การลงทุน
เฟอร์นิเจอร์
เหรียญ
ราคา
คุณภาพ
การฟื้นฟู
ประติมากรรม
ศตวรรษ
รูปแบบ
ค่า
แก่

# 65 - Escursionismo

| | | | | | | | | | | | | | | |
|---|---|---|---|---|---|---|---|---|---|---|---|---|---|---|
| ด | ล | น | ห | ◌ิ | น | ภ | ม | ฝ | เ | แ | ภ | ส | ฝ | ก |
| ช | ว | ส | ฉ | ะ | ส | ง | ภ | จ | ห | ผ | ◌ู | ภ | ณ | า |
| ธ | ◌์ | ง | ◌ุ | ย | ม | ธ | อ | ท | น | น | เ | า | ท | ร |
| ร | ต | บ | อ | ศ | ถ | น | ล | ซ | ◌ี | ท | ข | พ | ะ | ต |
| ร | ◌ั | ญ | ซ | า | ศ | ด | ไ | ก | ◌่ | ◌ี | า | อ | ข | ร |
| ม | ส | ด | ฟ | ก | ท | ภ | ซ | ฝ | อ | ◌่ | ผ | า | ไ | ะ |
| ช | น | ◌้ | ◌ำ | า | เ | ◌ิ | น | ญ | ย | ฟ | า | ก | เ | เ |
| า | ◌่ | ป | ค | อ | ◌ิ | พ | ต | ง | ฝ | แ | ◌้ | า | พ | ต |
| ต | ณ | ล | ถ | ม | น | ง | ม | ย | ร | ซ | น | ศ | ฟ | ร |
| ◌ิ | ธ | า | ช | ◌ิ | ม | ไ | ต | ถ | ◌์ | ะ | ห | ก | ะ | ◌ี |
| ห | ว | ฟ | ต | ◌ู | ฐ | ผ | ษ | ท | จ | ก | ไ | พ | ข | ย |
| ท | พ | ง | ณ | ภ | ป | พ | า | ฝ | ฝ | ◌ั | น | ฟ | ต | ม |
| ภ | ถ | ช | ซ | ร | ผ | ษ | ค | ◌ำ | แ | น | ะ | น | ◌ำ | ว |
| ร | อ | ง | เ | ท | ◌้ | า | บ | ◌ู | ท | ห | ซ | ท | แ | ไ |
| อ | ◌ั | น | ต | ร | า | ย | ซ | ฟ | น | เ | ซ | ย | ค | ป |

น้ำ
สัตว์
ภูมิอากาศ
คำแนะนำ
แผนที่
สภาพอากาศ
ภูเขา
ธรรมชาติ
ปฐมนิเทศ
อันตราย
หนัก
หิน
การตระเตรียม
หน้าผา
ป่า
ดวงอาทิตย์
เหนื่อย
รองเท้าบูท
ยุง

# 66 - Professioni #1

| | | | | | | | | | | | | | | |
|---|---|---|---|---|---|---|---|---|---|---|---|---|---|---|
| บ | ร | ร | ณ | า | ธ | ◌ิ | ก | า | ร | ฟ | ศ | ษ | น | น |
| ร | ◌์ | ต | ส | า | ศ | า | ร | า | ด | ก | ◌ั | น | ◌ั | า |
| น | ◌ั | ก | ธ | ร | ณ | ◌ี | ว | ◌ิ | ท | ย | า | ◌ั | ก | ย |
| โ | อ | ธ | ธ | ก | ช | อ | ช | ไ | จ | ท | ย | ก | ด | ธ |
| ย | ร | ป | ษ | ช | ศ | ◌่ | ◌ั | ม | ช | แ | ท | เ | น | น |
| ป | ว | ต | ว | ◌ั | พ | ◌ิ | า | ญ | ภ | ผ | ะ | ต | ต | า |
| ◌ี | ษ | ฟ | เ | ส | ผ | ฉ | ล | ง | ม | ร | า | ◌้ | ร | ค |
| เ | ช | า | ไ | ภ | ถ | ษ | ด | ป | ป | ณ | ธ | น | ◌ี | า |
| ก | า | เ | ฟ | เ | แ | ธ | ร | ส | ◌ิ | ร | ◌ี | ฟ | ก | ร |
| ◌ั | ห | ม | อ | พ | ย | า | บ | า | ล | น | ะ | เ | ◌ี | เ |
| น | ท | น | า | ย | ค | ว | า | ม | ป | ช | ถ | ป | ส | ล |
| เ | อ | ก | อ | ◌ั | ค | ร | ร | า | ช | ท | ◌ู | ต | า | ข |
| ฮ | ◌ั | น | เ | ต | อ | ร | ◌์ | ป | ◌้ | ษ | จ | ถ | ล | ซ |
| ส | ◌ั | ต | ว | แ | พ | ท | ย | ◌์ | ค | ง | ภ | ช | ะ | ป |
| ศ | ฝ | ซ | ญ | เ | ข | ม | ท | ท | โ | ซ | ง | ผ | ก | ไ |

โค้ช
เอกอัครราชทูต
ศิลปิน
นักดาราศาสตร์
ทนายความ
นักเต้น
นายธนาคาร
ฮันเตอร์
บรรณาธิการ
เภสัชกร
นักธรณีวิทยา
อัญมณี
ช่างประปา
พยาบาล
กะลาสี
หมอ
นักดนตรี
นักเปียโน
สัตวแพทย์

# 67 - Antartide

| | | | | | | | | | | | | | | |
|---|---|---|---|---|---|---|---|---|---|---|---|---|---|---|
| ภ | ◌ู | ม | ◌ิ | ป | ร | ะ | เ | ท | ศ | ข | ข | ร | ห | ก |
| ผ | ก | ไ | ง | า | ท | น | ◌ิ | ด | เ | ร | า | ก | ม | า |
| ษ | ล | ◌ำ | แ | ร | ◌่ | ธ | า | ต | ◌ุ | ◌ุ | ถ | ม | ◌ู | ร |
| ย | า | ◌้ | ย | ก | ย | โ | ร | า | ก | ข | ะ | ช | ◌่ | อ |
| ธ | เ | น | ล | ว | ว | ท | เ | ง | า | ร | ญ | อ | เ | น |
| เ | ซ | า | จ | ค | ฬ | พ | ช | ธ | พ | ะ | พ | ช | ก | ◌ุ |
| อ | ◌ี | ว | ◌ิ | ท | ย | า | ศ | า | ส | ต | ร | ◌์ | า | ร |
| ◌ุ | ย | อ | จ | เ | ป | ◌ี | ว | ท | ก | ภ | ท | ณ | ะ | ◌ั |
| ณ | ร | า | ◌่ | ท | ป | บ | ฟ | า | พ | ผ | ◌ุ | ฉ | ห | ก |
| ห | ◌์ | ป | ก | า | ย | ส | ค | ป | ล | แ | ม | ถ | ะ | ษ |
| ภ | ฝ | ฆ | ด | ข | ว | ส | ณ | ร | บ | ป | ส | ษ | ญ | ◌์ |
| ◌ู | ภ | ◌ู | ม | ◌ิ | ศ | า | ส | ต | ร | ◌์ | บ | ท | ห | ฟ |
| ม | ษ | อ | ไ | เ | ไ | ง | ษ | ก | ไ | แ | า | ด | ว | ศ |
| ◌ิ | ร | น | ◌้ | ◌ำ | แ | ข | ◌็ | ง | ห | ภ | ค | เ | ว | ว |
| ว | บ | ส | ท | น | ◌ั | ก | ว | ◌ิ | จ | ◌ั | ย | ผ | ห | ศ |

น้ำ
อ่าว
ปลาวาฬ
การอนุรักษ์
ทวีป
ภูมิศาสตร์
กลาเซียร์
น้ำแข็ง
หมู่เกาะ
การโยกย้าย
แร่ธาตุ
เมฆ
คาบสมุทร
นักวิจัย
ขรุขระ
วิทยาศาสตร์
การเดินทาง
อุณหภูมิ
ภูมิประเทศ

# 68 - Libri

| | | | | | | | | | | | | | | |
|---|---|---|---|---|---|---|---|---|---|---|---|---|---|---|
| ต | ล | ก | ซ | ฝ | า | ะ | ม | ไ | ด | ข | ฝ | ค | บ | ถ |
| ท | ณ | า | จ | เ | ย | บ | ร | ◌ิ | บ | ท | อ | ว | ท | น |
| ผ | ◌ู | ◌้ | อ | ◌่ | า | น | ร | ข | แ | จ | น | า | ก | ก |
| ท | บ | ซ | ส | ญ | ย | ป | ก | ห | ก | ษ | า | ม | ว | า |
| ก | จ | ว | ญ | ถ | ร | พ | ณ | น | เ | ◌ั | ถ | เ | ◌ี | ร |
| ฉ | ษ | ง | ซ | ข | ร | ช | ร | ◌ั | ร | ป | อ | ป | ผ | ผ |
| พ | ม | ณ | ว | บ | บ | ◌ุ | ร | า | ◌ื | ร | ด | ◌็ | ◌ู | จ |
| ญ | น | ก | ถ | ฝ | ◌้ | ด | ว | ไ | ◌่ | ะ | ด | น | ◌้ | ญ |
| ค | ฉ | ฝ | เ | ฉ | ◌ู | ษ | ฝ | ส | อ | ด | ม | ค | เ | ภ |
| ถ | ซ | ฟ | ป | ย | ผ | บ | ญ | ไ | ง | ◌ิ | ป | ◌ู | ข | ◌ั |
| เ | ข | ◌ี | ย | น | ร | ฟ | ผ | ภ | ร | ษ | จ | ◌่ | ◌ี | ย |
| แ | ณ | ก | ถ | ถ | ย | ป | ป | ด | า | ฐ | ว | ช | ย | า |
| ม | ห | า | ก | า | พ | ย | ◌์ | ษ | ว | ◌์ | ด | ฝ | น | ย |
| ด | ท | ◌ี | ◌่ | เ | ก | ◌ี | ◌่ | ย | ว | ข | ◌้ | อ | ง | ◌ิ |
| ป | ร | ะ | ว | ◌ั | ต | ◌ิ | ศ | า | ส | ต | ร | ◌์ | ไ | น |

ผู้เขียน
การผจญภัย
อักขระ
ชุด
บริบท
ความเป็นคู่
มหากาพย์
ประดิษฐ์
วรรณกรรม
ผู้อ่าน

ผู้บรรยาย
หน้า
บทกวี
ที่เกี่ยวข้อง
นิยาย
เขียน
เรื่องราว
ประวัติศาสตร์
อนาถ
ตลก

# 69 - Geografia

| | | | | | | | | | | | | | | |
|---|---|---|---|---|---|---|---|---|---|---|---|---|---|---|
| ล | พ | ษ | ท | ต | ข | เ | า | ณ | า | อ | ฉ | ภ | แ | ษ |
| า | ะ | ด | ง | ล | น | ม | ว | ด | จ | ด | ก | ณ | ซ | ช |
| ท | ด | ต | ไ | ะ | ษ | ◌ี | ส | ท | ะ | เ | ล | ส | ห | ะ |
| ถ | ท | จ | ◌ิ | ฝ | ไ | อ | ค | า | ภ | แ | โ | ง | เ | ม |
| า | ศ | ◌่ | ธ | จ | ซ | ง | ว | ค | ล | น | ฉ | ล | ะ | ษ |
| ท | ว | ◌ี | ป | ม | ◌ู | ศ | ญ | ก | ว | ต | ค | า | ส | ไ |
| ฟ | ธ | ท | ป | น | ย | ด | ◌ี | เ | ◌ิ | ร | อ | ม | เ | ต |
| ผ | ต | น | ด | ร | ซ | ◌ี | ก | โ | ล | ก | เ | แ | ต | ◌้ |
| อ | ง | ผ | ฟ | พ | ะ | ฉ | ข | ง | น | ท | ก | ณ | ะ | ต |
| ง | ว | แ | น | ◌้ | ส | เ | ไ | ซ | ถ | ณ | า | ใ | ว | ไ |
| ฉ | ศ | ผ | ง | ด | ง | ไ | ท | จ | ช | ผ | ะ | ช | ◌ั | บ |
| ท | ◌ิ | ศ | เ | ห | น | ◌ื | อ | ศ | ต | แ | ไ | ห | น | ฝ |
| ร | ะ | ด | ◌ั | บ | ค | ว | า | ม | ส | ◌ู | ง | ญ | ต | ฝ |
| ฝ | พ | ก | ช | ถ | ภ | ◌ู | เ | ข | า | ท | ภ | ท | ก | ว |
| ส | ซ | ไ | ฝ | ญ | ซ | ม | ฝ | บ | แ | ม | ◌่ | น | ◌้ | ◌ำ |

ระดับความสูง
แอตลาส
เมือง
ทวีป
ซีกโลก
แม่น้ำ
เกาะ
ละติจูด
เส้นแวง
แผนที่
ทะเล
เมอริเดียน
โลก
ภูเขา
ทิศเหนือ
ตะวันตก
ประเทศ
ภาค
ใต้
อาณาเขต

# 70 - Cibo #1

| | | | | | | | | | | | | | | |
|---|---|---|---|---|---|---|---|---|---|---|---|---|---|---|
| แ | ภ | ด | แ | ฉ | ฉ | โ | ซ | ห | ไ | ม | ญ | ท | ล | ช |
| อ | ต | ธ | ฉ | ท | ง | ว | ห | เ | ก | ล | ◌ื | อ | ◌ู | ภ |
| ร | ย | ม | ย | ◌ี | ท | เ | ะ | ร | ก | ธ | แ | ร | ก | ป |
| ห | ◌ั | ว | ผ | ◌ั | ก | ก | า | ด | ะ | ฉ | ด | ค | แ | น |
| ม | ◌ิ | น | ต | ◌์ | ◌้ | ซ | น | ◌ั | ส | พ | โ | แ | พ | ง |
| ข | น | อ | ศ | ท | ค | ษ | ◌่ | ล | ช | ณ | า | พ | ร | ธ |
| โ | ถ | เ | บ | ฉ | เ | ด | ◌ู | ส | อ | ล | ค | ษ | ◌์ | น |
| ก | ต | ค | ธ | เ | บ | ข | ท | ม | อ | ห | ว | ◌ั | ห | น |
| ◌ั | น | ษ | ม | ไ | ช | เ | น | ◌ื | ◌้ | อ | โ | ม | ร | ◌้ |
| ผ | ว | พ | ถ | ณ | ก | ย | ถ | ก | ส | อ | า | ะ | ด | ◌ำ |
| น | ◌้ | ◌ำ | ผ | ล | ไ | ม | ◌้ | ส | ม | ว | อ | น | ว | ต |
| บ | า | ร | ◌์ | เ | ล | ◌่ | ย | ◌์ | ฝ | ฉ | ฉ | า | ห | า |
| ภ | ณ | บ | ซ | เ | ฟ | ษ | บ | น | ข | ห | ฉ | ว | ภ | ล |
| อ | ฉ | ะ | ท | ก | ต | ภ | ง | น | ด | ไ | จ | ม | ช | อ |
| ภ | ว | ศ | ภ | ต | ะ | ส | ญ | อ | ซ | ต | ษ | ป | า | น |

กระเทียม
อาโวคาโด
โหระพา
อบเชย
เนื้อ
แครอท
หัวหอม
สลัด
นม
มะนาว
มินต์
บาร์เล่ย์
ลูกแพร์
หัวผักกาด
เกลือ
ผักโขม
น้ำผลไม้
ทูน่า
เค้ก
น้ำตาล

# 71 - Aeroplani

| | | | | | | | | | | | | | | |
|---|---|---|---|---|---|---|---|---|---|---|---|---|---|---|
| น | ผ | แ | ล | ว | ถ | ส | ญ | เ | ถ | ล | า | ก | น | เ |
| ผ | ก | ง | ส | ◌ู | ม | า | ว | ค | บ | ◌ั | ด | ะ | ร | ช |
| ส | บ | ย | ◌ั | ภ | ญ | จ | ผ | ร | า | ก | จ | ร | ด | ◌ี |
| ช | อ | ต | ศ | ฝ | ฝ | ม | ง | ◌ื | ค | ป | ก | พ | อ | ◌้ |
| อ | ร | ◌ี | เ | ก | ◌ู | ล | ◌ู | ◌่ | ไ | ษ | ย | ด | ท | อ |
| ว | า | ม | ง | า | ร | ◌้ | ส | อ | ◌่ | ก | ร | า | ก | เ |
| ญ | น | ก | ท | จ | ช | ด | ม | ง | ง | ห | ศ | ญ | ต | พ |
| ท | ว | พ | า | ท | น | ศ | า | ย | ว | ต | ย | ผ | ร | ล |
| ฉ | น | ฟ | ร | ศ | ◌ิ | ศ | ว | น | ต | น | ฉ | ณ | า | ◌ิ |
| น | ◌ั | ก | บ | ◌ิ | น | ศ | ค | ต | ว | ว | ศ | ย | ก | ง |
| ล | ◌ู | ก | โ | ป | ◌่ | ง | ท | ◌์ | เ | ญ | ถ | ต | ถ | า |
| ก | ธ | พ | เ | ท | ญ | ต | พ | า | ฟ | ◌้ | ง | อ | ◌้ | ท |
| ไ | ฮ | โ | ด | ร | เ | จ | น | พ | ง | ข | ผ | า | อ | ◌ำ |
| ป | ร | ะ | ว | ◌ั | ต | ◌ิ | ศ | า | ส | ต | ร | ◌์ | ฝ | น |
| บ | ร | ร | ย | า | ก | า | ศ | ท | ◌่ | า | เ | ร | ◌ื | อ |

ความสูง
ระดับความสูง
อากาศ
บรรยากาศ
ท่าเรือ
การผจญภัย
เชื้อเพลิง
ท้องฟ้า
การก่อสร้าง

ทิศทาง
การตกทอด
ลูกเรือ
ไฮโดรเจน
เครื่องยนต์
นำทาง
ลูกโป่ง
นักบิน
ประวัติศาสตร์

# 72 - Governo

| | | | | | | | | | | | | | | |
|---|---|---|---|---|---|---|---|---|---|---|---|---|---|---|
| ไ | ว | ญ | ท | ญ | ค | พ | ถ | ค | ฉ | ค | ญ | ภ | ะ | ษ |
| ษ | ง | ห | บ | ญ | ง | ย | ว | ว | ส | อ | ◌ำ | ส | ภ | ห |
| ห | ◌ั | ว | ห | น | ◌้ | า | ศ | า | ฝ | น | ณ | พ | ท | ล |
| บ | ท | ณ | ไ | ◌ู | ค | ม | ◌่ | ม | า | ◌ุ | ฉ | า | ◌ู | ค |
| ผ | ท | ร | ย | ม | ษ | ห | ส | ย | น | ส | ฉ | ภ | ป | ด |
| ศ | ท | เ | ะ | ร | ป | ฎ | ร | ◌ุ | อ | า | ฉ | ◌ี | ร | ก |
| ฝ | ะ | ไ | ร | ร | ญ | ก | ◌ั | ต | ◌ื | ว | ร | ร | ะ | า |
| ญ | ก | ไ | ส | ธ | ร | ก | ฐ | ◌ิ | ร | ร | า | ส | ช | ร |
| ล | ล | บ | ◌ิ | ฐ | ญ | ม | แ | ธ | เ | ◌ี | ก | เ | า | เ |
| ข | ส | ะ | อ | ◌ั | ญ | แ | ณ | ร | ล | ย | า | จ | ธ | ม |
| ว | ว | ฉ | ย | ร | ว | ข | พ | ร | พ | ◌์ | ล | ฉ | ◌ิ | ◌ี |
| ส | ◌ิ | ท | ธ | ◌ิ | บ | ก | บ | ม | ร | ถ | ◌ุ | จ | ป | อ |
| ร | ะ | ด | ◌ั | บ | ช | า | ต | ◌ิ | เ | ข | ต | ศ | ไ | ง |
| ข | ท | บ | ส | ◌ั | ญ | ล | ◌ั | ก | ษ | ณ | ◌์ | ญ | ต | ไ |
| ค | ว | า | ม | เ | ส | ม | อ | ภ | า | ค | ไ | ะ | ย | ฉ |

หัวหน้า
พลเรือน
รัฐธรรมนูญ
ประชาธิปไตย
สิทธิ
คำพูด
อย่าง
ตุลาการ
ความยุติธรรม
อิสระ
กฎหมาย
เสรีภาพ
อนุสาวรีย์
ระดับชาติ
ประเทศ
การเมือง
เขต
สัญลักษณ์
รัฐ
ความเสมอภาค

# 73 - Colori

| | | | | | | | | | | | | | | |
|---|---|---|---|---|---|---|---|---|---|---|---|---|---|---|
| ส | น | ส | ค | อ | ด | เ | ส | ไ | ย | ช | อ | ถ | ถ | ก |
| ◌ี | ย | ช | ◌ี | เ | ◌ู | ฟ | บ | ไ | ล | ค | ฝ | จ | น | ง |
| ม | ไ | ก | ร | แ | ก | เ | ก | จ | ฟ | ห | ◌ู | ร | ท | จ |
| ◌่ | ย | เ | ซ | ต | ด | ต | แ | ณ | ฉ | ผ | พ | ช | ไ | ต |
| ว | ย | า | พ | ห | ห | ง | ด | แ | ง | ว | ม | ◌่ | ◌ี | ส |
| ง | ป | ไ | ว | ก | แ | ฟ | เ | ศ | ด | ห | ช | ◌้ | แ | ส |
| ส | ◌ี | น | ◌้ | ◌ำ | ต | า | ล | ข | แ | ป | ส | เ | ส | ◌ี |
| ค | เ | ค | ด | ด | ด | ท | ญ | ข | ◌้ | ศ | ◌ี | น | ห | เ |
| อ | ◌ี | ว | ย | ◌ี | ข | เ | ษ | ท | ห | ม | น | จ | ล | ห |
| ค | ซ | ถ | อ | ส | ธ | ค | ย | ฟ | อ | ซ | ◌้ | จ | ณ | ล |
| ส | จ | ฝ | ซ | ง | ซ | ร | ค | า | เ | ห | ◌ำ | ฟ | เ | ◌ี |
| ก | ณ | ฝ | จ | ห | ด | า | ฟ | ◌้ | ◌ี | ส | เ | ย | เ | อ |
| ต | ข | ธ | ษ | พ | ฟ | ม | ภ | แ | ไ | ศ | ง | ะ | ฉ | ง |
| พ | บ | ท | ว | ร | ร | ษ | แ | ภ | ง | บ | ◌ิ | ร | ถ | ณ |
| ไ | ต | ข | า | ว | ด | ถ | ช | พ | พ | ช | น | ข | ณ | ร |

ส้ม
เบจ
ขาว
สีน้ำเงิน
สีฟ้า
สีแดงเข้ม
ฟูเชีย
สีเหลือง
เทา
คราม
สีม่วงแดง
สีน้ำตาล
สีดำ
ชมพู
แดง
ซีเปีย
เขียว
สีม่วง

# 74 - Bellezza

| | | | | | | | | | | | | | | |
|---|---|---|---|---|---|---|---|---|---|---|---|---|---|---|
| ห | ก | ล | ◌ิ | ◌่ | น | ห | อ | ม | พ | ญ | ป | ส | แ | บ |
| ส | ย | ก | ล | ◌ิ | ◌่ | น | ม | ◌ั | ◌ำ | ◌้ | น | ซ | ช | ร |
| ไ | ศ | ◌ิ | ฝ | ค | แ | ต | แ | ม | จ | ล | ไ | แ | ม | ◌ิ |
| ต | ศ | จ | ก | ส | แ | ไ | เ | ข | ข | น | ห | ศ | พ | ก |
| ล | ณ | ด | ภ | า | ง | ศ | ค | ไ | จ | ล | แ | า | ◌ู | า |
| ◌ิ | ะ | ษ | ศ | ฑ | พ | ป | ร | ◌ู | ย | า | ◌่ | ถ | เ | ร |
| ส | พ | ป | ไ | ◌์ | ษ | ศ | ◌ี | ล | ด | ◌่ | จ | อ | ส | ก |
| ต | ผ | ร | ผ | ณ | ถ | ก | ◌่ | แ | ศ | ง | ฉ | ข | น | ไ |
| ◌์ | ช | ส | ภ | ภ | ว | ช | อ | ซ | ผ | ส | เ | ก | ◌่ | ร |
| ว | ธ | ก | ท | ◌ั | ไ | ภ | ง | เ | น | ร | ส | ร | ห | ร |
| ล | ◌ิ | ป | ส | ต | ◌ิ | ก | ส | ง | ก | ล | ธ | ะ | ◌์ | ก |
| ข | ถ | ผ | ก | ◌ิ | ซ | พ | ◌ำ | น | ถ | ร | แ | จ | ด | า |
| จ | ซ | บ | ศ | ล | า | ญ | อ | ณ | ก | ค | ซ | ก | ฝ | น |
| จ | ป | ล | ด | ผ | ย | ว | า | ◌่ | ร | า | ค | ส | า | ม |
| ส | ◌ี | ม | ะ | พ | ม | า | ง | ด | ง | ม | า | ว | ค | แ |

สี
เครื่องสำอาง
สง่า
ความงดงาม
เสน่ห์
กรรไกร
ถ่ายรูป
กลิ่นหอม
เกรซ
มาสคาร่า
น้ำมัน
ผิว
ผลิตภัณฑ์
กลิ่น
หยิก
ลิปสติก
บริการ
แชมพู
กระจก
สไตลิสต์

# 75 - Avventura

| | | | | | | | | | | | | | | |
|---|---|---|---|---|---|---|---|---|---|---|---|---|---|---|
| ณ | ด | ญ | ก | ค | ว | ณ | โ | ง | ถ | ซ | พ | บ | ญ | บ |
| ไ | ภ | ไ | ศ | ด | ป | น | อ | ◌่ | ◌ื | พ | เ | ฝ | ช | ม |
| ก | จ | ย | ไ | ย | ล | ไ | ก | ผ | ◌ิ | ด | ป | ก | ต | ◌ิ |
| ค | ด | ช | ส | ฉ | า | ย | า | ร | ต | น | ◌ั | อ | ญ | อ |
| น | ว | ด | ศ | ณ | ย | ช | ส | า | จ | ร | ษ | ข | พ | ◌ิ |
| ค | ◌่ | า | ย | า | ท | า | ◌้ | ท | ม | า | ว | ค | ธ | ต |
| จ | ว | า | ม | า | า | ท | ◌ั | ศ | น | ศ | ◌ึ | ก | ษ | า |
| อ | ซ | า | แ | ง | ง | น | ◌ำ | ร | ◌่ | อ | ง | ร | เ | ช |
| ย | ไ | ไ | ม | ป | า | ฉ | ไ | พ | ศ | ไ | ด | ฉ | ศ | ม |
| ไ | า | ญ | ศ | ย | ล | ม | ร | ร | ก | จ | ◌ิ | ก | ข | ร |
| ห | บ | ะ | ะ | ฝ | า | ก | ถ | จ | ค | ผ | จ | แ | ภ | ร |
| ม | า | ร | ถ | อ | จ | ก | ไ | อ | ภ | ข | ฝ | ฟ | ธ | ธ |
| ◌่ | ถ | ฝ | ซ | ณ | ช | บ | จ | จ | ท | ก | ค | ด | ซ | ะ |
| ก | า | ร | ต | ร | ะ | เ | ต | ร | ◌ี | ย | ม | ฉ | ง | ท |
| ค | ว | า | ม | ก | ล | ◌้ | า | ห | า | ญ | พ | ก | ม | ค |

เพื่อน
กิจกรรม
ความงาม
ความกล้าหาญ
ปลายทาง
ความยาก
ทัศนศึกษา
จอย
ผิดปกติ
ธรรมชาติ
นำร่อง
ใหม่
โอกาส
อันตราย
การตระเตรียม
ความท้าทาย
น่าแปลกใจ

# 76 - Oceano

| | | | | | | | | | | | | | | |
|---|---|---|---|---|---|---|---|---|---|---|---|---|---|---|
| ณ | เ | ศ | เ | ไ | ฝ | ฉ | ป | ณ | ธ | ผ | ด | ง | อ | ง |
| ป | ล | า | ไ | ห | ล | ล | ข | น | อ | ไ | ม | ล | พ | ภ |
| ห | น | ◌่ | ◌ี | ล | ค | า | ม | จ | ถ | ฟ | บ | ด | ษ | ภ |
| ศ | อ | ◌้ | ไ | ต | ซ | ม | ฝ | ฝ | ภ | ฝ | ต | ห | ญ | แ |
| พ | ส | ย | ◌ำ | ◌้ | น | ง | อ | ฟ | ฉ | จ | ฝ | ต | ส | ท |
| ไ | แ | ย | น | ข | ป | ะ | ก | า | ร | ◌ั | ง | ป | ม | ◌ู |
| ญ | ภ | ฝ | แ | า | ◌ื | อ | พ | ล | จ | ย | ว | ป | ◌ู | น |
| อ | ฝ | ช | ษ | ม | ง | ◌้ | ไ | ป | ง | พ | จ | ค | แ | ◌่ |
| ส | ไ | ฬ | ห | ย | ป | ร | น | ไ | ว | น | เ | ง | ญ | า |
| ป | ล | า | โ | ล | ม | า | ม | น | ข | ะ | ต | ษ | ข | ภ |
| ธ | ง | ว | น | พ | ล | ล | ศ | ณ | ◌้ | น | ◌่ | ป | จ | า |
| พ | า | ย | ◌ุ | เ | ร | ◌ี | อ | เ | ถ | ◌ำ | า | น | ง | ร |
| ท | ษ | ◌์ | ก | ย | ◌ั | ก | ◌ึ | ม | ห | า | ล | ป | ห | ต |
| ม | ล | ว | เ | ก | ล | ◌ื | อ | ก | ◌ุ | ◌้ | ง | ง | ป | แ |
| แ | ม | ง | ก | ะ | พ | ร | ◌ุ | น | ข | น | ฝ | ร | ◌ี | ฟ |

ปลาไหล
วาฬ
เรือ
ปะการัง
ปลาโลมา
กุ้ง
ปู
น้ำขึ้นน้ำลง
แมงกะพรุน
คลื่น
หอยนางรม
ปลา
ปลาหมึกยักษ์
เกลือ
รีฟ
ฟองน้ำ
ฉลาม
เต่า
พายุ
ทูน่า

# 77 - Creatività

| | | | | | | | | | | | | | | |
|---|---|---|---|---|---|---|---|---|---|---|---|---|---|---|
| ไ | ป | ท | น | ◌ิ | ม | ◌ิ | ต | ห | ษ | ค | ข | ป | ร | ฟ |
| ญ | ะ | ร | ◌ั | ช | อ | ง | ฝ | ห | ะ | ว | ด | แ | ฉ | ต |
| จ | ร | ซ | ะ | ก | ก | ก | า | ท | พ | า | ภ | ด | ถ | ย |
| แ | ท | ◌ั | ถ | ด | ษ | ท | บ | ◌์ | ณ | ม | ร | า | อ | ศ |
| ส | ป | ◌ิ | ศ | อ | ◌ิ | ะ | ผ | พ | ท | ป | เ | า | ต | ◌ิ |
| ศ | ผ | ต | พ | ธ | ภ | ษ | ง | ฟ | ข | ร | ก | ซ | ต | ล |
| ผ | ว | า | ย | ห | ษ | า | ฐ | บ | ล | ะ | เ | ฝ | ง | ป |
| ล | ภ | ช | บ | ค | ใ | ท | ธ | ◌์ | ท | ท | ต | เ | ะ | ะ |
| ด | ป | ม | ภ | จ | ใ | ล | า | ด | น | ◌ั | บ | ง | ร | แ |
| ร | ไ | ร | ย | น | ล | ห | น | ฟ | ว | บ | ษ | ◌ั | ม | ถ |
| า | เ | ร | ◌ี | น | ะ | ไ | พ | ะ | ศ | ใ | ห | ล | ศ | ผ |
| ม | ช | ธ | ด | ช | ร | แ | ง | ฝ | ก | จ | ซ | พ | ส | พ |
| ◌่ | ล | ย | เ | ใ | า | จ | ◌ิ | น | ต | น | า | ก | า | ร |
| า | ใ | ด | อ | ก | า | ร | แ | ส | ด | ง | อ | อ | ก | ช |
| เ | ณ | โ | ไ | ค | ว | า | ม | ช | ◌ั | ด | เ | จ | น | ฉ |

ทักษะ
ศิลปะ
แท้
ความชัดเจน
ดราม่า
อารมณ์
การแสดงออก
ไหล
ไอเดีย
จินตนาการ
ภาพ
ความประทับใจ
ปรีชา
ประดิษฐ์
แรงบันดาลใจ
โดยธรรมชาติ
นิมิต
พลัง

# 78 - Veicoli

| | | | | | | | | | | | | | | |
|---|---|---|---|---|---|---|---|---|---|---|---|---|---|---|
| แ | ณ | ถ | เ | ต | ◌์ | น | ย | ง | อ | ◌่ | ◌ี | ร | ค | เ |
| ะ | ะ | ช | ร | ร | ถ | พ | ย | า | บ | า | ล | ถ | ร | ฉ |
| ร | ว | ไ | ◌ี | ภ | า | ณ | แ | ย | อ | ญ | ป | เ | ถ | เ |
| ◌์ | ส | แ | อ | เ | ณ | ไ | ซ | ไ | ช | า | ฉ | ม | บ | ค |
| อ | จ | ◌ั | ก | ร | ย | า | น | ◌ี | ม | ม | ม | ล | ร | ร |
| ต | ม | ส | เ | า | ญ | ซ | บ | ษ | ◌่ | ถ | จ | ◌์ | ร | ◌ื |
| เ | ร | ◌ื | อ | ข | ◌้ | า | ม | ฟ | า | ก | ถ | พ | ท | ◌่ |
| ป | ป | บ | ค | ผ | ห | ผ | ธ | ธ | ฝ | ร | ◌็ | แ | ◌ุ | อ |
| อ | ร | ถ | ไ | ฟ | ใ | ต | ◌้ | ด | ◌ิ | น | ถ | ท | ก | ง |
| ค | ร | ล | ท | ว | ฉ | ร | ถ | ว | ย | า | า | ไ | แ | บ |
| ◌ิ | ◌ำ | น | ◌ั | ◌ำ | ด | อ | ◌ื | ร | เ | ว | ด | ผ | ฟ | ◌ิ |
| ล | ด | ด | ษ | ะ | ก | ภ | อ | จ | อ | า | ผ | ภ | ค | น |
| ฮ | ย | ต | ไ | ◌์ | ร | อ | ต | เ | ก | ร | ท | แ | ถ | ร |
| เ | ไ | ะ | ค | ผ | ค | ฝ | ป | แ | ม | า | ษ | ธ | ต | ช |
| ส | ก | ◌ู | ◌๊ | ต | เ | ต | อ | ร | ◌์ | ค | ช | ต | อ | แ |

เครื่องบิน
รถพยาบาล
รถ
รถเมล์
เรือ
จักรยาน
รถบรรทุก
คาราวาน
เฮลิคอปเตอร์
รถไฟใต้ดิน
เครื่องยนต์
ยาง
จรวด
สกู๊ตเตอร์
เรือดำน้ำ
แท็กซี่
เรือข้ามฟาก
รถแทรกเตอร์
รถไฟ
แพ

# 79 - Natura

| | | | | | | | | | | | | | | |
|---|---|---|---|---|---|---|---|---|---|---|---|---|---|---|
| ร | ฟ | ญ | ด | า | ผ | า | ◌้ | น | ห | ด | ห | ฉ | แ | ศ |
| ญ | ข | ล | แ | ช | ◌่ | น | ม | า | ถ | ม | น | ไ | ก | ศ |
| ฉ | ซ | ส | ศ | ซ | ค | ป | ไ | ข | ว | ข | อ | แ | ข | ษ |
| พ | ล | ว | ◌ั | ต | ซ | ย | บ | เ | ◌์ | ต | ◌่ | ก | ธ | ห |
| เ | ข | ต | ร | ◌้ | อ | น | ไ | ◌ู | ต | เ | ร | ค | า | ะ |
| ย | ษ | ท | ◌ี | ◌่ | ห | ล | บ | ภ | ◌ั | ย | อ | ว | ร | ล |
| อ | า | ร | ◌์ | ก | ต | ◌ิ | ก | ห | ส | บ | ผ | า | น | ห |
| ศ | ด | บ | ญ | า | ท | แ | น | ◌ิ | ◌่ | ง | ◌ึ | ม | ◌้ | เ |
| ษ | ต | ษ | ย | ม | ะ | ษ | ม | ไ | ะ | ก | ◌้ | ง | ◌ำ | ม |
| ร | ย | ศ | ด | ญ | เ | ไ | ป | ◌่ | ช | อ | ง | า | แ | ฆ |
| ล | ค | น | แ | ◌ั | ล | ต | ญ | จ | น | ผ | ฟ | ม | ข | ง |
| พ | ต | ป | น | ค | ท | ม | บ | ข | เ | ◌้ | ะ | ผ | ◌็ | ะ |
| ป | ว | ร | ภ | ◌ำ | ร | ณ | ค | ป | ง | ม | ◌ำ | ะ | ง | เ |
| ค | ศ | ย | ซ | ส | า | ล | ภ | ส | ช | ล | ร | ะ | ไ | ฉ |
| ล | ไ | ษ | ข | ด | ย | ค | อ | ล | ค | ถ | เ | พ | ซ | ส |

สัตว์
ผึ้ง
อาร์กติก
ความงาม
ทะเลทราย
พลวัต
ร่อน
แม่น้ำ
ใบไม้
ป่า
ธารน้ำแข็ง
ภูเขา
หมอก
เมฆ
ที่หลบภัย
หน้าผา
นิ่ง
เขตร้อน
สำคัญมาก

# 80 - Balletto

| | | | | | | | | | | | | | | |
|---|---|---|---|---|---|---|---|---|---|---|---|---|---|---|
| ต | ธ | บ | ไ | ง | ล | พ | เ | ง | ต | ◌่ | แ | ก | ◌ั | น |
| ง | า | ท | า | ◌่ | ท | ป | ต | ด | ต | อ | ฝ | ม | ซ | ช |
| ส | ก | เ | ก | ม | แ | ไ | ถ | ส | ◌ี | ท | ล | ต | ร | ศ |
| ง | ล | ร | น | ◌ั | ก | เ | ต | ◌้ | น | ◌่ | ◌ั | ค | ช | ฉ |
| ◌่ | ◌้ | ◌ี | ข | ด | ส | ศ | ด | ถ | า | ไ | ย | ก | ศ | อ |
| า | า | ย | ◌้ | ห | ◌ี | ร | ต | น | ด | ง | ว | ว | ษ | พ |
| ง | ม | น | ม | ญ | ถ | ถ | ไ | ข | ต | น | ค | ซ | ซ | ะ |
| า | เ | ณ | ◌้ | ล | บ | บ | แ | ป | ◌ู | ร | เ | ห | ◌้ | ป |
| ม | น | ล | ข | แ | ส | ด | ง | อ | อ | ก | ◌ี | ภ | อ | ล |
| เ | ◌ื | ย | เ | พ | ภ | ห | ฉ | ผ | ◌ู | ◌้ | ช | ม | ม | ◌ิ |
| ท | ◌้ | อ | ม | ◌ื | บ | ร | ป | ง | ย | ◌ี | ส | เ | ม | ศ |
| ค | อ | พ | า | น | ป | ธ | ว | ห | ก | ษ | จ | ซ | ไ | ส |
| น | ร | ะ | ว | ห | ง | ◌ั | จ | ต | เ | ธ | ธ | ย | ไ | แ |
| ◌ิ | ญ | ค | ค | ง | ท | พ | ผ | ม | ะ | ธ | ย | ซ | ต | ท |
| ค | ไ | ก | ย | ต | ย | ล | ถ | น | ศ | เ | ผ | ว | ษ | ญ |

ทักษะ
เสียงปรบมือ
ศิลปะ
เดี่ยว
นักเต้น
นักแต่งเพลง
แสดงออก
ท่าทาง
สง่างาม
ความเข้มข้น
บทเรียน
กล้ามเนื้อ
ดนตรี
วงดนตรี
ซ้อม
ผู้ชม
จังหวะ
รูปแบบ
เทคนิค

# 81 - Paesi #1

| | | | | | | | | | | | | | | |
|---|---|---|---|---|---|---|---|---|---|---|---|---|---|---|
| ฉ | ด | ด | ล | บ | อ | ◌ิ | ส | ร | า | เ | อ | ล | บ | เ |
| ท | ด | พ | ส | ธ | บ | อ | แ | ค | น | า | ด | า | ร | ว |
| ย | ป | ส | ท | ธ | ย | ง | ◌ิ | า | ไ | ศ | า | น | า | ◌ี |
| ะ | ภ | ย | บ | ◌ี | เ | ◌ิ | ล | ร | ย | ะ | ล | ไ | ซ | ย |
| ม | ว | ไ | ท | น | ฟ | ข | ไ | ส | ◌ั | ค | อ | ห | ◌ิ | ด |
| ม | า | ส | แ | ม | ธ | ศ | ฉ | ม | ฉ | ก | เ | บ | ล | น |
| ช | น | ล | ซ | ร | อ | ซ | ผ | ค | า | แ | ◌ุ | พ | ถ | า |
| ◌์ | ญ | เ | ◌ี | อ | ◌ี | ย | ◌ิ | ป | ต | ◌์ | ซ | จ | ษ | ม |
| ด | ห | ฉ | ซ | ย | ◌์ | ว | เ | ◌์ | ร | อ | น | ง | ม | ก |
| น | ป | เ | ส | เ | ป | เ | ษ | ย | ด | ◌ี | เ | น | ◌ิ | อ |
| ล | ผ | อ | ย | ◌ี | น | เ | า | ม | ร | โ | ว | ส | ฉ | ค |
| แ | ม | น | ท | ว | ง | ก | ฉ | ญ | ษ | ส | เ | ฝ | ค | ฝ |
| ป | ษ | ด | ซ | บ | ฟ | ไ | ◌ั | ก | ◌ั | ม | พ | ◌ู | ช | า |
| โ | ม | ร | ◌็ | อ | ค | โ | ค | ล | ป | า | น | า | ม | า |
| ฟ | ◌ิ | น | แ | ล | น | ด | ◌์ | ร | จ | ผ | ป | ม | เ | ะ |

บราซิล
กัมพูชา
แคนาดา
อียิปต์
ฟินแลนด์
เยอรมนี
อินเดีย
อิรัก
อิสราเอล
ลิเบีย
มาลี
โมร็อคโค
นอร์เวย์
ปานามา
โปแลนด์
โรมาเนีย
เซเนกัล
สเปน
เวเนซุเอลา
เวียดนาม

# 82 - Geometria

| | | | | | | | | | | | | | | |
|---|---|---|---|---|---|---|---|---|---|---|---|---|---|---|
| ฉ | ม | ศ | ว | พ | ด | ใ | ฉ | ร | ส | ผ | ฟ | ต | จ | ธ |
| ต | ร | ร | ก | ะ | ◌ี | ฟ | ไ | อ | เ | ม | ◌ุ | ม | ไ | ว |
| ท | ไ | ข | ฝ | ม | ธ | ◌้ | ป | ว | า | ศ | ม | ฝ | ห | ะ |
| ษ | ฤ | ล | ง | ค | ◌้ | โ | น | ◌้ | ส | เ | ข | า | พ | ญ |
| ถ | ถ | ษ | ห | ห | า | ย | ถ | ผ | น | ช | น | ฝ | ต | ญ |
| ะ | ม | ณ | ฎ | เ | อ | ง | ฟ | ภ | ◌ิ | ข | า | า | ค | ร |
| ส | ◌่ | ว | น | ◌ี | ไ | ธ | ต | อ | ป | ว | น | า | ว | ก |
| ว | แ | น | า | ฐ | ย | ธ | ◌ั | ม | ษ | บ | ก | พ | า | า |
| พ | น | ◌ำ | อ | ฉ | ธ | ษ | ซ | ญ | ซ | ห | ห | ก | ม | ร |
| ซ | ว | ค | ด | า | ผ | ง | ป | ว | ง | ก | ล | ม | ส | ห |
| ห | ต | ร | า | ก | ม | ส | ต | ◌ั | ว | เ | ล | ข | ◌ู | ม |
| ะ | ◌ั | า | ส | า | ม | เ | ห | ล | ◌ี | ◌่ | ย | ม | ง | ◌ุ |
| ห | ◌้ | ก | ม | ◌ิ | ต | ◌ิ | แ | ไ | ล | อ | ถ | ป | ภ | น |
| ะ | ง | ธ | แ | ฟ | ถ | ฟ | พ | ซ | ท | ง | ซ | ถ | ณ | ฉ |
| แ | น | ว | น | อ | น | ว | ส | ◌่ | ด | ◌ั | ส | ศ | ไ | ฝ |

ความสูง
มุม
การคำนวณ
วงกลม
เส้นโค้ง
มิติ
สมการ
ตรรกะ
มัธยฐาน
ตัวเลข
แนวนอน
ขนาน
สัดส่วน
การหมุน
ส่วน
สมมาตร
พื้นผิว
ทฤษฎี
สามเหลี่ยม
แนวตั้ง

# 83 - Edifici

| | | | | | | | | | | | | | | |
|---|---|---|---|---|---|---|---|---|---|---|---|---|---|---|
| พ | อ | ว | โ | ท | ี | ่ | พ | ั | ก | ป | บ | ภ | พ | ซ |
| ิ | พ | จ | ร | บ | โ | ม | ศ | า | ไ | ร | ด | ย | ษ | ส |
| พ | า | น | ง | ร | โ | ร | ไ | อ | ง | า | ้ | ห | อ | ะ |
| ิ | ร | แ | ภ | ะ | อ | แ | ง | ต | เ | ส | ณ | ร | ธ | ถ |
| ธ | ์ | ษ | า | ณ | ห | ง | ป | ง | ค | า | ท | ศ | ข | ธ |
| ภ | ท | ศ | พ | ฟ | า | ร | ์ | ม | า | ท | ล | ห | ะ | ภ |
| ั | เ | ห | ย | โ | ภ | โ | า | ล | ม | น | า | า | า | ฉ |
| ณ | ม | อ | น | ร | เ | ต | ็ | น | ท | ์ | บ | ้ | า | น |
| ฑ | ้ | ค | ต | ง | ล | ู | ฟ | ย | ห | ธ | า | ซ | ฟ | ช |
| ์ | น | อ | ร | ล | ย | ท | ย | ี | อ | ฟ | ย | ร | ี | ข |
| ด | ถ | ย | ์ | ะ | ซ | น | ส | ร | ด | ห | พ | ส | ก | น |
| ศ | ข | ป | ล | ค | ห | า | ถ | เ | ู | ห | ง | ศ | ม | ธ |
| ส | ค | ม | จ | ร | ค | ถ | พ | ง | ด | ฟ | ร | แ | า | ง |
| ห | ณ | ผ | ฝ | ไ | ไ | ส | ถ | ร | า | ท | โ | ส | น | ผ |
| ศ | ไ | ป | ด | ะ | ม | ผ | ษ | โ | ว | แ | ว | ต | ส | ซ |

สถานทูต
อพาร์ทเม้น
ห้าง
บ้าน
ปราสาท
โรงภาพยนตร์
โรงงาน
ฟาร์ม
โรงนา
โรงแรม
พิพิธภัณฑ์
โรงพยาบาล
หอดูดาว
ที่พัก
โรงเรียน
สนามกีฬา
โรงละคร
เต็นท์
หอคอย

# 84 - Malattia

| | | | | | | | | | | | | | | |
|---|---|---|---|---|---|---|---|---|---|---|---|---|---|---|
| ห | ท | ว | ภ | ธ | ก | ไ | ข | อ | ณ | า | ซ | แ | ภ | โ |
| ด | ◌ั | ◌้ | ก | ค | ร | โ | อ | ◌้ | ◌ี | ช | เ | บ | ◌ู | ร |
| ไ | ป | ว | อ | ง | ร | ◌ั | อ | ◌้ | ◌ี | ร | เ | ค | ม | ค |
| ฉ | จ | ห | ไ | ง | ม | บ | แ | ว | ศ | ห | ญ | ท | ◌ิ | ต |
| ย | ะ | ห | ค | จ | พ | บ | น | พ | เ | น | ห | ◌ี | แ | ◌ิ |
| ต | ะ | จ | ต | ร | ◌ั | ศ | อ | ช | ล | ก | า | เ | พ | ด |
| ซ | พ | ส | า | แ | น | น | ◌่ | ช | บ | ท | ย | ร | ◌้ | ต |
| ◌ิ | ท | น | ถ | ศ | ธ | ถ | อ | ะ | ง | ซ | ไ | ◌ี | จ | ◌่ |
| น | ก | ◌ั | ม | ค | ◌ุ | ◌้ | ม | ◌ิ | ◌ู | ภ | จ | ย | ส | อ |
| โ | ญ | ไ | ก | ต | ◌์ | ร | ◌่ | า | ง | ก | า | ย | ◌ุ | ฟ |
| ด | อ | ป | บ | ก | ◌ั | ว | ย | ◌่ | ◌ี | ก | เ | ด | ข | ผ |
| ร | โ | ร | ค | ป | ร | ะ | ส | า | ท | ธ | ฝ | ฉ | ภ | ห |
| ม | ร | ร | ก | ธ | ◌ุ | น | ◌ั | พ | ง | า | ท | แ | า | แ |
| ส | ก | า | ร | อ | ◌ั | ก | เ | ส | บ | เ | ถ | ผ | พ | ไ |
| ณ | ด | ะ | ล | ◌ุ | ม | บ | า | ร | ◌์ | น | ณ | ซ | ด | า |

ท้อง
ภูมิแพ้
แบคทีเรีย
โรคติดต่อ
ร่างกาย
เรื้อรัง
หัวใจ
อ่อนแอ
กรรมพันธุ์
ทางพันธุกรรม
ภูมิคุ้มกัน
การอักเสบ
ลมบาร์
โรคประสาท
เชื้อโรค
เกี่ยวกับปอด
หายใจ
สุขภาพ
ซินโดรม

# 85 - Paesi #2

| | | | | | | | | | | | | | | |
|---|---|---|---|---|---|---|---|---|---|---|---|---|---|---|
| ธ | บ | ห | ค | น | า | ช | เ | ม | ◌็ | ก | ซ | ◌ิ | โ | ก |
| ว | ก | ฟ | จ | า | ไ | ม | ก | ◌้ | า | อ | ด | ช | ด | ฉ |
| ไ | ร | ธ | ย | ซ | ◌ี | เ | น | ◌ี | ด | โ | น | ◌ิ | อ | ไ |
| ท | ◌ี | ฟ | ไ | แ | แ | อ | า | ด | น | ก | ◌ั | ◌ู | ย | น |
| ย | ซ | ซ | ฝ | ก | อ | ธ | ถ | แ | ด | ป | อ | ย | ท | จ |
| ซ | อ | ม | ป | ◌์ | ล | ◌ิ | ส | ฝ | ถ | เ | ไ | ป | บ | ◌ี |
| ◌ี | ◌ู | ฉ | ต | ร | เ | โ | ◌ี | ไ | น | ะ | ช | ญ | เ | เ |
| เ | ไ | ด | แ | า | บ | อ | ก | ย | ร | ◌ี | เ | ◌ี | ซ | ร |
| ส | ฟ | ไ | า | ม | เ | เ | า | ร | ค | แ | บ | ◌่ | ไ | ◌ี |
| ◌ั | ม | ษ | พ | น | น | ป | ป | ◌ี | เ | ม | ถ | ป | พ | ย |
| ร | เ | ภ | า | ด | ◌ี | ◌ี | ธ | เ | ◌ู | ณ | พ | ◌ุ | ล | ค |
| ผ | ล | น | ง | เ | ย | ย | อ | ◌ี | ย | า | ท | ◌่ | จ | ศ |
| ซ | ไ | า | ป | เ | ฮ | ต | ◌ิ | บ | ศ | ธ | อ | น | ศ | ม |
| ซ | ไ | อ | ว | า | ด | ◌์ | น | ล | แ | ◌์ | ร | อ | ไ | ว |
| ว | บ | ส | ก | ศ | ล | ด | ว | ไ | ภ | ง | ข | ท | ญ | ว |

แอลเบเนีย
เดนมาร์ก
เอธิโอเปีย
จาไมก้า
ญี่ปุ่น
กรีซ
เฮติ
อินโดนีเซีย
ไอร์แลนด์
ลาว
ไลบีเรีย
เม็กซิโก
เนปาล
ไนจีเรีย
ปากีสถาน
รัสเซีย
ซีเรีย
ซูดาน
ยูเครน
ยูกันดา

# 86 - Tipi di Capelli

| | | | | | | | | | | | | | | |
|---|---|---|---|---|---|---|---|---|---|---|---|---|---|---|
| ร | อ | ม | ธ | ก | ก | ด | ฟ | ผ | ช | อ | ห | ผ | ใ | เ |
| ก | ◌ั | ถ | ด | ล | ก | ◌์ | น | อ | อ | ◌่ | น | ไ | ผ | พ |
| ห | ◌ั | ว | ล | ◌้ | า | น | ◌้ | ◌ั | ส | อ | า | ข | า | ศ |
| ย | ไ | ย | ห | แ | ท | อ | พ | น | ว | น | ย | บ | ส | บ |
| ผ | ถ | แ | ห | ข | เ | ล | ข | ย | น | น | ธ | า | ห | า |
| ข | า | ว | ย | ◌็ | ◌ี | บ | ส | ป | ท | ◌ุ | ร | ด | ว | ง |
| ร | ห | ศ | า | ง | ส | ◌ี | ส | ◌ี | ม | ◌่ | ไ | ท | ถ | ◌้ |
| ฟ | แ | ณ | ค | แ | ข | ส | ม | เ | น | ม | ผ | ศ | ป | ห |
| ส | ร | ค | ศ | ร | อ | ธ | ม | ก | ว | ◌้ | ม | า | ส | แ |
| ◌ี | ธ | อ | ก | ง | ล | ณ | า | ◌ั | ย | ไ | ◌ำ | เ | ท | ง |
| ด | เ | ง | ◌ิ | น | ย | ไ | ะ | ถ | ช | ญ | ญ | ต | อ | ะ |
| ◌ำ | ท | บ | ย | ◌ี | ร | เ | ถ | ท | ย | ย | ฟ | ใ | า | น |
| พ | อ | ร | ห | ฉ | ฉ | ป | ช | ล | ส | ซ | ท | ป | พ | ล |
| ข | ด | ฉ | ซ | ง | ใ | ง | อ | ใ | ต | ร | บ | บ | พ | ด |
| จ | ศ | ษ | ถ | ล | ธ | ณ | ว | ค | ถ | น | ท | จ | ศ | ล |

เงิน
แห้ง
ขาว
สีบลอนด์
สั้น
หัวล้าน
สี
สีเทา
ถัก
เรียบ

ยาว
สีน้ำตาล
อ่อนนุ่ม
สีดำ
หยัก
หยิก
แข็งแรง
บาง
หนา
ถักเปีย

# 87 - Vestiti

| | | | | | | | | | | | | | | |
|---|---|---|---|---|---|---|---|---|---|---|---|---|---|---|
| ฟ | แ | ก | ษ | ก | ศ | ค | ษ | ข | ง | ว | ร | เ | เ | ส |
| เ | จ | ษ | า | ◌้ | ท | เ | ง | อ | ร | ไ | อ | ส | ส | ร |
| ข | ◌็ | ป | น | ง | ร | ป | โ | ะ | ร | ก | ง | ◌ื | ◌ื | ◌้ |
| ◌็ | ค | ย | ฝ | ห | เ | า | ท | ฟ | น | ญ | เ | ◌้ | ◌้ | อ |
| ม | เ | ษ | ษ | ห | ม | ก | น | ร | ไ | ษ | ท | อ | อ | ย |
| ข | ก | แ | อ | ช | ถ | ว | ง | ผ | ข | อ | ◌้ | ข | โ | ข |
| ◌ั | ◌็ | น | ป | ด | ◌ุ | ช | ก | ญ | เ | ไ | า | ห | ค | ◌้ |
| ด | ต | อ | ม | ◌ื | ง | ◌ุ | ถ | ญ | น | น | แ | พ | ◌้ | อ |
| ภ | ช | ข | ถ | จ | เ | ร | า | ว | ธ | ห | ต | ษ | ท | ม |
| ส | ◌์ | น | ◌ี | ย | ท | ร | ฟ | ผ | ฝ | ย | ะ | ธ | แ | ◌ื |
| ต | น | อ | ป | ◌ื | ◌้ | เ | น | ก | ◌ั | า | ◌้ | ผ | ฟ | อ |
| ไ | พ | น | จ | ฝ | า | ส | ร | ◌้ | อ | ย | ค | อ | ช | ช |
| ะ | ฝ | ด | ป | อ | เ | ห | อ | ธ | ส | ท | น | ด | ◌ั | เ |
| ม | ล | ◌ุ | ค | อ | ◌้ | ◌ื | ส | เ | จ | ง | ร | า | ◌่ | ไ |
| เ | ไ | ช | ล | ผ | ◌้ | า | พ | ◌ั | น | ค | อ | ษ | น | เ |

ชุด
สร้อยข้อมือ
ถุงเท้า
เสื้อ
หมวก
เสื้อโค้ท
เข็มขัด
สร้อยคอ
แจ็คเก็ต
กระโปรง

ผ้ากันเปื้อน
ถุงมือ
ยีนส์
เสื้อคลุม
แฟชั่น
กางเกง
ชุดนอน
รองเท้าแตะ
รองเท้า
ผ้าพันคอ

# 88 - Tecnologia

| | | | | | | | | | | | | | | |
|---|---|---|---|---|---|---|---|---|---|---|---|---|---|---|
| ผ | ค | อ | ◌ิ | น | เ | ท | อ | ร | ◌์ | เ | น | ◌็ | ต | บ |
| ม | ว | ท | ซ | ข | ◌้ | อ | ม | ◌ู | ล | ค | ป | ธ | ณ | ษ |
| ณ | า | ง | อ | ◌้ | ล | ก | ณ | ฝ | ว | ข | ธ | ง | ภ | บ |
| ผ | ม | ง | ฟ | ไ | ด | เ | ส | ม | ◌ื | อ | น | น | ส | ภ |
| ห | ป | ถ | ต | ไ | บ | ต | ◌์ | ข | ◌้ | อ | ค | ว | า | ม |
| น | ล | ร | ◌์ | อ | ซ | เ | ◌์ | ว | า | ร | บ | เ | ม | แ |
| ◌้ | อ | ◌์ | แ | ไ | ต | ก | า | ภ | ท | ช | ณ | ฝ | ธ | บ |
| า | ด | อ | ว | ด | ว | ผ | เ | ท | ย | พ | ะ | ว | ย | บ |
| จ | ภ | ซ | ร | พ | ฉ | ร | ส | ส | จ | ค | ฉ | ด | ฟ | อ |
| อ | ◌ั | เ | ◌์ | จ | ญ | จ | ◌ั | ถ | ◌ั | า | ก | ท | ย | ◌ั |
| ฟ | ย | ◌์ | ถ | ม | ถ | ณ | ว | ส | ◌ิ | ไ | ฟ | ล | ◌์ | ก |
| น | ส | ร | ว | ไ | เ | ก | ข | ญ | ว | ต | ว | ซ | ไ | ษ |
| ษ | ป | อ | ด | ฟ | ษ | แ | ล | ท | ◌ั | จ | ◌ิ | ◌ิ | ด | ร |
| ณ | ข | ค | บ | ล | ◌็ | อ | ก | อ | ท | ถ | ไ | ะ | ด | น |
| ไ | ร | เ | ค | อ | ม | พ | ◌ิ | ว | เ | ต | อ | ร | ◌์ | ฉ |

บล็อก
เบราว์เซอร์
ไบต์
คอมพิวเตอร์
เคอร์เซอร์
ข้อมูล
ดิจิทัล
ไฟล์
แบบอักษร
อินเทอร์เน็ต
ข้อความ
วิจัย
หน้าจอ
ความปลอดภัย
ซอฟต์แวร์
สถิติ
กล้อง
เสมือน
ไวรัส

# 89 - Arte

| | | | | | | | | | | | | | | |
|---|---|---|---|---|---|---|---|---|---|---|---|---|---|---|
| ธ | ป | ธ | บ | อ | ก | ะ | ร | ป | น | ว | ◌่ | ส | ส | น |
| ย | ร | อ | ถ | ไ | ถ | ด | ห | ค | ข | ต | ญ | ถ | ◌ั | ว |
| ฉ | ะ | ก | ค | ว | น | อ | ซ | ◌้ | บ | ◌ั | ซ | ◌ิ | ญ | ก |
| ฝ | ต | า | แ | ฝ | ช | ฟ | ป | ม | ว | น | แ | ต | ล | บ |
| ส | ◌ิ | ร | อ | ง | ป | ภ | ค | ส | พ | ว | ข | ย | ◌ั | า |
| เ | ม | แ | พ | า | ภ | ด | า | ว | ธ | ◌่ | ฟ | ศ | ก | ภ |
| ร | า | ส | ย | ไ | ร | แ | พ | พ | ◌ี | ส | ง | า | ษ | ซ |
| ◌ี | ก | ด | ส | ถ | เ | ม | ห | ล | ว | ส | ไ | ส | ณ | ◌ี |
| ◌่ | ร | ง | ว | ป | ซ | ก | ณ | ข | ก | า | า | ต | ◌์ | ◌่ |
| อ | ร | อ | ค | ย | ร | ป | ค | ◌์ | ท | ว | ด | ร | ไ | อ |
| ง | ม | อ | ท | ค | า | ภ | า | พ | บ | แ | ส | ◌์ | ะ | ส |
| า | ธ | ก | จ | ซ | ม | ◌่ | ธ | ย | ป | ด | ล | บ | ซ | ◌ั |
| ◌้ | เ | ป | ย | ผ | ◌ิ | ว | ง | บ | บ | ◌ั | ฉ | น | ◌้ | ต |
| ร | ข | ษ | า | ญ | ค | ผ | ก | ค | ณ | ล | ล | ม | ไ | ย |
| ส | น | ษ | ค | บ | ธ | ง | ศ | ส | ข | ผ | ล | ไ | ศ | ◌์ |

เซรามิค
ซับซ้อน
ส่วนประกอบ
สร้าง
ภาพวาด
การแสดงออก
ซื่อสัตย์
ต้นฉบับ
ส่วนตัว
บทกวี
วาดภาพ
ประติมากรรม
ง่าย
สัญลักษณ์
เรื่อง
สถิตยศาสตร์
อารมณ์
ภาพ

# 90 - Meteo

| | | | | | | | | | | | | | | |
|---|---|---|---|---|---|---|---|---|---|---|---|---|---|---|
| พ | อ | ง | ย | ฟ | ไ | ฉ | ค | ไ | ณ | ฉ | ซ | ห | จ | จ |
| า | ◌ุ | ◌์ | ร | า | ล | พ | โ | ล | ภ | ซ | ◌ี | ภ | ล | ฟ |
| ย | ณ | แ | ด | ม | ษ | ช | ว | น | อ | ◌้ | ร | ต | ข | เ |
| ◌ุ | ห | ช | พ | ว | ง | ม | แ | ฝ | ◌้ | ะ | บ | ต | พ | ต |
| ท | ภ | ศ | า | ก | า | ย | ร | ร | บ | ◌ำ | แ | ซ | ศ | ญ |
| อ | ◌ู | า | ย | อ | ซ | ล | แ | ป | ภ | ด | แ | ญ | ฉ | เ |
| ร | ม | ก | ◌ุ | ม | จ | ร | ค | ธ | ล | เ | ฟ | ข | น | เ |
| ◌์ | ◌ิ | า | ฟ | ห | ส | า | ย | ร | ◌ุ | ◌้ | ง | ก | ◌็ | อ |
| น | ล | อ | ฟ | ◌้ | า | ร | ◌้ | อ | ง | แ | ล | ◌้ | ง | ง |
| า | ม | พ | ธ | อ | ะ | จ | ซ | ค | ท | น | ภ | ญ | แ | ◌้ |
| โ | เ | า | ฝ | ม | ศ | า | ภ | ส | ต | ไ | ล | ณ | น | ห |
| ด | ฟ | ภ | ค | ม | ร | บ | ม | ห | ค | ท | ม | ภ | ม | แ |
| ญ | จ | ส | ช | ซ | ษ | ส | ท | ◌้ | อ | ง | ฟ | ◌้ | า | ล |
| ย | ต | ษ | ต | ญ | ต | ค | ◌ุ | ไ | ค | ฉ | ศ | ก | ถ | อ |
| ถ | ว | ต | ฟ | ง | เ | ด | น | ม | ฟ | ◌้ | า | ผ | ◌่ | า |

สายรุ้ง
แห้ง
บรรยากาศ
บรีซ
ท้องฟ้า
สภาพอากาศ
ฟ้าผ่า
น้ำแข็ง
มรสุม
หมอก
คลาวด์
โพลาร์
แล้ง
อุณหภูมิ
พายุ
พายุทอร์นาโด
เขตร้อน
ฟ้าร้อง
ลม

# 91 - Corpo Umano

| | | | | | | | | | | | | | | |
|---|---|---|---|---|---|---|---|---|---|---|---|---|---|---|
| ม | ถ | ข | ร | ภ | ต | ต | น | ะ | ษ | ญ | ศ | ต | ผ | ญ |
| แ | ร | ณ | ว | ร | ษ | ว | ข | ข | ฉ | แ | ป | ก | ด | ห |
| ป | ห | ห | ศ | ห | ด | ไ | ย | ษ | ฟ | ไ | ฉ | ษ | ไ | พ |
| ไ | ◌ั | เ | ฉ | ช | ญ | ว | ฟ | จ | ม | ◌ู | ก | ไ | ล | า |
| ะ | ว | ◌้ | ◌ิ | น | ห | ◌ั | ว | ถ | เ | ล | ◌ื | อ | ด | ร |
| ก | ไ | ป | ข | า | ต | ย | ช | ย | ห | ก | ท | ม | จ | อ |
| ไ | จ | ว | น | แ | ห | ป | ก | ป | พ | ค | ไ | ◌ื | ด | ห |
| ด | ห | ซ | ต | ฝ | แ | ห | ง | า | ข | ค | า | อ | ภ | น |
| ถ | ค | ล | า | ง | ม | ◌ู | ว | ก | ย | ย | ท | ง | า | ◌้ |
| า | ส | ป | ◌่ | ก | ร | ฉ | เ | ผ | ต | ฟ | ◌้ | อ | ไ | า |
| เ | ข | ◌่ | า | ธ | ข | ต | ศ | ◌ิ | ม | ะ | เ | ม | ณ | ง |
| ท | อ | ว | น | ณ | ฝ | ต | ด | ว | ธ | ล | อ | ส | ไ | า |
| ณ | ◌้ | ช | ญ | ด | ไ | ด | ผ | ช | ภ | ฟ | ◌้ | ะ | ท | ฝ |
| ข | ก | อ | ศ | อ | ◌้ | ข | ไ | ง | ภ | ง | ข | ป | จ | ศ |
| ป | ฝ | า | ง | ม | ห | อ | ป | ษ | อ | ม | ข | อ | ค | อ |

ปาก
ข้อเท้า
สมอง
คอ
หัวใจ
นิ้ว
หน้า
ขา
เข่า
ข้อศอก
มือ
คาง
จมูก
ตา
หู
ผิว
เลือด
ไหล่
ท้อง
หัว

# 92 - Mammiferi

| | | | | | | | | | | | | | | |
|---|---|---|---|---|---|---|---|---|---|---|---|---|---|---|
| ส | ช | บ | โ | ค | ม | ◌้ | า | ล | า | ย | ก | ข | ฉ | จ |
| ธ | ◌้ | ต | แ | ฟ | ด | ธ | บ | ล | ษ | บ | ป | ร | ก | ค |
| ง | า | ว | ก | ก | ศ | อ | ด | ะ | ศ | ◌้ | ฟ | ญ | ฝ | ห |
| พ | ง | ม | ◌้ | า | ะ | ญ | เ | อ | ม | ◌ี | ฟ | ถ | ล | ฉ |
| บ | ช | แ | ห | ด | ล | ส | ◌ิ | ง | โ | ต | ฝ | เ | ผ | ฟ |
| จ | ◌ิ | ง | โ | จ | ◌้ | ล | ค | ส | ซ | ย | ด | ก | ว | ภ |
| ง | ย | แ | ฟ | ห | ฬ | ย | ◌ิ | ผ | ธ | โ | บ | ก | ษ | ฉ |
| ก | ร | ะ | ต | ◌่ | า | ย | ห | ร | ส | ค | ภ | ภ | ไ | ล |
| ง | ล | น | ฝ | ป | ว | ป | ม | ผ | อ | โ | จ | ท | ม | ◌ิ |
| ย | พ | ท | ร | น | ภ | ต | า | ถ | ป | ก | ส | ด | ะ | ง |
| ศ | า | ก | ช | ซ | ฟ | ◌็ | อ | ก | ซ | ◌์ | ด | ไ | ฝ | ซ |
| ห | ม | า | ป | ◌่ | า | า | ม | ล | โ | า | ล | ป | ง | ว |
| ญ | ร | น | บ | ป | ส | จ | ร | ฉ | ม | อ | ไ | ธ | ร | ไ |
| ด | ผ | แ | ส | ฉ | ส | ป | ไ | ◌ี | ม | ห | ต | ห | ก | น |
| อ | ณ | จ | ว | ค | ไ | ต | ป | ข | ย | ก | ก | ญ | ซ | แ |

วาฬ
หมา
จิงโจ้
ม้า
กวาง
กระต่าย
โคโยตี้
ปลาโลมา
ช้าง
แมว
ยีราฟ
กอริลลา
สิงโต
หมาป่า
หมี
แกะ
ลิง
โค
ฟ็อกซ์
ม้าลาย

# 93 - Arrampicata

| | | | | | | | | | | | | | | |
|---|---|---|---|---|---|---|---|---|---|---|---|---|---|---|
| ฟ | ง | แ | พ | ส | ว | ญ | ด | แ | อ | ถ | ภ | ก | ค | ป |
| ไ | ค | ด | า | ไ | ป | ถ | น | า | น | ◌ุ | บ | า | ◌ำ | แ |
| ะ | น | ญ | ภ | ท | ข | เ | ข | ข | ไ | ง | ◌็ | ร | แ | ผ |
| ร | ◌่ | า | ย | ถ | ธ | บ | ส | ค | ศ | ม | จ | อ | น | น |
| า | ◌ั | ช | า | พ | ง | แ | ส | ต | น | ◌ี | เ | บ | ะ | ท |
| ห | ม | ว | ก | น | ◌ิ | ร | ภ | ◌ั | ย | อ | ด | ร | น | ◌ี |
| บ | ม | ย | ง | ท | ภ | ก | แ | ◌ำ | ค | ท | า | ม | ◌ำ | ◌่ |
| ร | า | ช | า | ร | อ | ง | เ | ท | ◌้ | า | บ | ◌ู | ท | บ |
| ร | ว | ◌ี | ท | า | บ | ศ | ธ | ย | ว | ถ | จ | ธ | ฟ | ษ |
| ย | ค | ◌่ | ค | ว | า | ม | อ | ย | า | ก | ร | ◌ู | ◌้ | ซ |
| า | ย | เ | ถ | ห | ณ | ไ | ม | ค | ย | ป | แ | จ | ป | ศ |
| ก | ญ | ◌้ | จ | แ | ไ | ห | ช | ค | ต | ศ | ค | ษ | ฟ | ซ |
| า | ช | ◌ู | พ | ถ | ล | ซ | ต | ค | ย | ข | บ | ศ | ข | ฉ |
| ศ | ส | ผ | ร | ะ | ด | ◌ั | บ | ค | ว | า | ม | ส | ◌ู | ง |
| ค | ว | า | ม | ท | ◌้ | า | ท | า | ย | อ | ถ | ไ | ฉ | ข |

ระดับความสูง
บรรยากาศ
หมวกนิรภัย
ความอยากรู้
ผู้เชี่ยวชาญ
ทางกายภาพ
การอบรม
แรง
ถ้ำ
ถุงมือ
คำแนะนำ
บาดเจ็บ
แผนที่
ความท้าทาย
ความมั่นคง
รองเท้าบูท
แคบ

# 94 - Cucina

| | | | | | | | | | | | | | | |
|---|---|---|---|---|---|---|---|---|---|---|---|---|---|---|
| เ | น | า | ร | ช | ก | ท | ซ | ฝ | น | ต | ไ | ศ | ถ | ส |
| ผ | ้ | า | เ | ช | ็ | ด | ป | า | ก | ศ | ห | ห | แ | ู |
| ด | ท | ท | ผ | แ | า | ถ | ว | ผ | ช | ณ | ม | ต | ซ | ต |
| เ | เ | เ | ต | า | อ | บ | ไ | ะ | ผ | า | พ | ช | ด | ร |
| ถ | ห | อ | า | จ | ำ | ้ | น | ง | อ | ฟ | ม | ร | ฟ | อ |
| ผ | ย | ส | ้ | อ | ม | ไ | ิ | ว | ง | า | ่ | ย | ศ | า |
| ฉ | ี | า | ภ | ย | ฟ | พ | ก | ส | ข | ต | ห | ง | ก | ห |
| บ | อ | ว | อ | น | ว | ป | ฉ | พ | ร | ู | ง | า | ด | า |
| ย | ก | ย | ไ | บ | ค | น | ด | ี | ม | ้ | ไ | อ | ร | ร |
| ี | ง | ต | ภ | น | ไ | บ | ก | พ | ฝ | เ | ร | ฟ | ฟ | ภ |
| ก | า | ต | ้ | ม | น | ้ | ำ | ั | ต | ย | เ | น | ป | ส |
| เ | ค | ร | ี | ่ | อ | ง | เ | ท | ศ | ็ | ว | ช | ป | ซ |
| ะ | จ | ษ | ฉ | ป | บ | ว | ป | ฉ | ข | น | อ | ้ | ช | ป |
| ต | ผ | ้ | า | ก | ั | น | เ | ป | ื | ้ | อ | น | ถ | แ |
| อ | ร | ท | ส | ร | ฉ | ฉ | ท | ะ | อ | ธ | ท | อ | ม | ท |

ตะเกียบ
กาต้มน้ำ
เหยือก
อาหาร
ชาม
มีด
ช้อน
ส้อม
เตาอบ
ตู้เย็น
ผ้ากันเปื้อน
ย่าง
กิน
ทัพพี
สูตรอาหาร
เครื่องเทศ
ฟองน้ำ
ถ้วย
ผ้าเช็ดปาก

# 95 - Jazz

| | | | | | | | | | | | | | | |
|---|---|---|---|---|---|---|---|---|---|---|---|---|---|---|
| ย | ช | แ | ค | ย | ว | ฝ | พ | า | ศ | อ | ค | ด | ไ | ส |
| เ | เ | ฝ | ศ | ค | ม | บ | ◌ั | ◌้ | ล | ◌ั | อ | น | ป | ◌่ |
| ม | ◌ี | ช | ◌ี | ◌่ | อ | เ | ส | ◌ี | ย | ง | น | ต | ฟ | ว |
| เ | ว | ง | ด | น | ต | ร | ◌ี | ง | ล | พ | เ | ร | ว | น |
| ภ | ท | ค | ษ | ญ | ก | ษ | ศ | อ | พ | น | ส | ◌ี | ห | ป |
| จ | ป | ค | ร | า | ห | ว | โ | ณ | า | ภ | ◌ิ | ฏ | ป | ร |
| ◌ั | ข | ค | น | ไ | ป | ร | ะ | เ | ภ | ท | ร | แ | ศ | ะ |
| ง | ◌์ | า | ไ | ◌ิ | ช | ย | น | ป | ะ | เ | ◌์ | น | ◌ิ | ก |
| ห | ค | ะ | ห | ต | ค | ท | ย | ไ | ผ | ธ | ต | ง | ล | อ |
| ว | ร | อ | ม | ◌ี | บ | ร | ป | ง | ย | ◌ี | ส | เ | ป | บ |
| ะ | ร | ซ | ◌่ | ก | แ | ย | ย | ท | ม | ง | แ | ไ | ◌ิ | บ |
| ค | ว | า | ม | ส | ◌ำ | ค | ◌ั | ญ | แ | ห | ธ | ธ | น | แ |
| ท | ส | ร | า | ย | ก | า | ร | โ | ป | ร | ด | ป | จ | ป |
| ร | ร | น | ◌ั | ก | แ | ต | ◌่ | ง | เ | พ | ล | ง | อ | ◌ู |
| เ | พ | แ | น | ไ | ว | ฝ | ช | ญ | ส | ค | ย | น | ฟ | ร |

อัลบั้ม
เสียงปรบมือ
ศิลปิน
เพลง
นักแต่งเพลง
ส่วนประกอบ
คอนเสิร์ต
ความสำคัญ
มีชื่อเสียง
ประเภท

ปฏิภาณโวหาร
ดนตรี
ใหม่
วงดนตรี
รายการโปรด
จังหวะ
รูปแบบ
พรสวรรค์
เทคนิค
แก่

# 96 - Vacanze #2

| | | | | | | | | | | | | | | |
|---|---|---|---|---|---|---|---|---|---|---|---|---|---|---|
| ร | ม | ธ | ด | พ | า | ภ | ไ | ค | ท | ะ | ว | ผ | แ | ธ |
| เ | ◌้ | ท | แ | ท | ฟ | ร | ล | ง | ภ | ◌์ | ◌ั | ไ | ษ | น |
| แ | ง | า | ท | น | ◌ิ | ด | เ | ร | า | ก | น | อ | ย | ด |
| ช | ผ | ป | น | จ | อ | ง | ะ | า | ก | เ | ห | ◌็ | ะ | ถ |
| า | ภ | น | ไ | อ | ม | ษ | ท | ค | ไ | เ | ย | แ | ต | า |
| ย | า | ◌ิ | ท | บ | า | ข | เ | ◌ู | ภ | ช | ◌ุ | ท | น | เ |
| ห | พ | บ | เ | ◌ี | ง | ห | ง | ฉ | ด | แ | ด | ฟ | เ | แ |
| า | ถ | ม | ว | ไ | ◌่ | ญ | า | โ | ร | ง | แ | ร | ม | ท |
| ด | ◌่ | า | ล | ไ | ส | ธ | ซ | ร | ย | า | ไ | น | ไ | ◌็ |
| อ | า | น | า | ด | น | ฝ | ◌่ | จ | ร | ท | ย | ท | ะ | ก |
| ไ | ย | ส | ว | เ | ข | ย | ◌ี | อ | ถ | ย | ไ | อ | ซ | ซ |
| ก | ป | ม | ◌่ | เ | ร | บ | ว | อ | ไ | า | อ | ฉ | ย | ◌ี |
| เ | ะ | ส | า | ย | า | ไ | ผ | ไ | ฟ | ล | ว | ญ | ช | ◌่ |
| ก | ฉ | ต | ง | ณ | ก | ด | ซ | ก | ข | ป | ภ | พ | ม | ะ |
| ช | า | ว | ต | ◌่ | า | ง | ช | า | ต | ◌ิ | ณ | ไ | ฝ | ญ |

สนามบิน
ปลายทาง
ภาพถ่าย
โรงแรม
เกาะ
แผนที่
ทะเล
ภูเขา
จอง
ร้านอาหาร
ชายหาด
ชาวต่างชาติ
แท็กซี่
เวลาว่าง
เต็นท์
การขนส่ง
รถไฟ
วันหยุด
การเดินทาง
วีซ่า

# 97 - Attività

| | | | | | | | | | | | | | | |
|---|---|---|---|---|---|---|---|---|---|---|---|---|---|---|
| จ | ว | ย | ต | ก | ป | ล | า | น | ศ | ◌ิ | ร | ป | ย | ส |
| ะ | ก | ล | ◌ิ | ก | ◌ิ | จ | ก | ร | ร | ม | ด | ต | ศ | ต |
| ม | ไ | ล | เ | น | ว | ส | ◌ำ | ท | ร | า | ก | ไ | ถ | ล |
| ท | ◌ั | ก | ษ | ะ | ด | า | ว | พ | า | ภ | ฝ | ฉ | ร | ม |
| ฝ | ท | า | ล | ฉ | ป | ◌ี | ผ | ◌่ | อ | น | ค | ล | า | ย |
| ซ | ฟ | ย | ม | ต | ข | ล | พ | ก | า | ร | เ | ย | ◌็ | บ |
| ก | บ | า | ค | ภ | ะ | ง | ◌ิ | ต | ธ | พ | ผ | ญ | ฝ | เ |
| ไ | ภ | ม | ถ | อ | ฝ | ไ | ต | ศ | เ | า | ป | ถ | ฉ | ซ |
| ล | ◌่ | า | ส | ◌ั | ต | ว | ◌์ | ล | ฟ | ก | บ | ◌ั | จ | ร |
| เ | ว | ล | า | ว | ◌่ | า | ง | ซ | ถ | ไ | ม | ก | ง | า |
| น | ซ | ฉ | ษ | ต | ล | ศ | ก | า | ร | อ | ◌่ | า | น | ม |
| ถ | ม | ง | า | น | ฝ | ◌ี | ม | ◌ื | อ | ล | ห | อ | ซ | ◌ิ |
| ก | า | ร | ถ | ◌่ | า | ย | ภ | า | พ | อ | ป | ธ | ญ | ก |
| บ | ฝ | ญ | ว | ข | ก | ซ | ว | แ | ล | อ | ญ | บ | ห | ช |
| ท | ท | ต | ด | ท | ฟ | เ | เ | ณ | บ | ส | ร | น | ฟ | พ |

ทักษะ
ศิลปะ
งานฝีมือ
กิจกรรม
ล่าสัตว์
เซรามิก
การเย็บ
การถ่ายภาพ
การทำสวน
เกม
การอ่าน
มายากล
ถัก
ตกปลา
ยินดี
ภาพวาด
ปริศนา
ผ่อนคลาย
เวลาว่าง

# 98 - Diplomazia

| | | | | | | | | | | | | | | |
|---|---|---|---|---|---|---|---|---|---|---|---|---|---|---|
| ค | ค | ร | ก | า | ญ | ญ | ส | ◌ั | ◌ิ | ธ | น | ส | ล | ค |
| ว | ว | ฟ | จ | า | น | ฝ | ง | ห | ณ | ไ | ฟ | า | น | ว |
| า | า | ด | ภ | จ | ร | ม | ร | ร | ธ | ย | ◌ิ | ร | จ | า |
| ม | ม | ฟ | จ | เ | ช | เ | ย | ว | ศ | ส | า | ล | ษ | ม |
| ข | ร | ว | พ | ศ | ◌ุ | อ | ม | ภ | ฝ | า | ษ | ะ | ไ | ป |
| ◌ั | ◌่ | อ | ฉ | ด | ม | า | ฉ | ◌ี | ก | บ | ก | ล | ฝ | ล |
| ด | ว | เ | ย | ก | ช | ท | ช | ถ | อ | ท | ร | า | ผ | อ |
| แ | ม | ค | ง | ◌่ | น | ค | ฉ | ก | ส | ง | ◌ื | ย | บ | ด |
| ย | ม | ท | ธ | อ | า | ด | ะ | ถ | ภ | น | ป | ศ | ญ | ภ |
| ◌ั | ◌ี | ธ | ไ | พ | ◌ื | ง | ด | ธ | ณ | ย | ◌่ | ต | ษ | ◌ั |
| ง | อ | ก | ค | ว | า | ม | ล | ะ | เ | อ | ◌ี | ย | ด | ย |
| ส | ถ | า | น | ท | ◌ู | ต | เ | ร | บ | ก | ท | ย | ร | ภ |
| ถ | ญ | น | ฟ | ข | ซ | ส | ภ | ล | า | บ | ฐ | ◌ั | ร | า |
| น | ◌ั | ก | ก | า | ร | ท | ◌ู | ต | พ | ไ | ไ | ศ | ฉ | ษ |
| ค | ว | า | ม | ซ | ◌ื | ◌่ | อ | ส | ◌ั | ต | ย | ◌์ | ก | า |

สถานทูต
พลเมือง
ชุมชน
ความขัดแย้ง
ที่ปรึกษา
ความร่วมมือ
นักการทูต
อย่าง
จริยธรรม
รัฐบาล
ความซื่อสัตย์
ภาษา
การเมือง
ความละเอียด
ความปลอดภัย
สารละลาย
สนธิสัญญา

# 99 - Forniture Artistiche

| | | | | | | | | | | | | | | |
|---|---|---|---|---|---|---|---|---|---|---|---|---|---|---|
| ด | ถ | ะ | ก | แ | ษ | โ | ไ | ม | ญ | ฟ | ไ | เ | ด | ไ |
| อ | ส | ย | า | ธ | จ | ต | บ | บ | ฉ | ม | ห | ไ | ข | ก |
| ไ | ส | ◌ี | ว | ห | ถ | ◌๊ | ว | ส | ภ | ง | เ | พ | ก | ง |
| ผ | า | ด | ย | ม | ย | ะ | ห | อ | ผ | อ | ท | ญ | ญ | ม |
| า | พ | เ | ฝ | ผ | น | แ | ป | ร | ง | ◌้ | ◌ั | ต | า | ข |
| จ | ค | อ | ธ | ห | ม | ◌้ | อ | ห | ร | ล | ม | ผ | จ | า |
| ม | เ | ไ | ญ | ส | ◌ั | ว | ◌ำ | ะ | ม | ก | ต | ฝ | ซ | ธ |
| จ | ไ | ป | ะ | ◌ี | ◌ำ | ล | ห | ค | ค | ◌ื | ษ | ไ | ล | ว |
| ภ | ย | ย | ณ | น | ◌้ | า | ภ | ฉ | เ | ร | ก | ท | ฝ | ภ |
| ซ | า | ถ | ญ | ◌้ | น | ส | พ | อ | ก | ธ | ◌ิ | ล | ร | ไ |
| น | ง | แ | ด | ◌ำ | า | ญ | จ | ต | ◌้ | ◌์ | ย | ล | ค | เ |
| ค | ล | ญ | พ | ง | ◌่ | ไ | เ | ข | า | ผ | ง | ศ | ◌ิ | พ |
| ป | บ | ห | า | ย | ถ | ห | ธ | ย | อ | ส | น | ◌ิ | ด | ค |
| บ | ท | ณ | ก | ร | ะ | ด | า | ษ | ◌ี | ผ | ค | จ | ห | ษ |
| ด | ด | ม | ล | ห | ผ | ฉ | ช | ส | ◌้ | ห | ฟ | ค | ะ | จ |

น้ำ
สีน้ำ
อะคริลิค
เคลย์
ถ่าน
กระดาษ
ขาตั้ง
กาว
สี
ยางลบ
ไอเดีย
หมึก
ดินสอ
น้ำมัน
พาส
เก้าอี้
แปรง
โต๊ะ
กล้อง

# 100 - Misurazioni

| | | | | | | | | | | | | | | |
|---|---|---|---|---|---|---|---|---|---|---|---|---|---|---|
| เ | อ | ฝ | บ | พ | า | ส | ก | น | ◌ั | ห | ◌ำ | ◌้ | น | ไ |
| ม | ◌ั | ร | ก | ง | ง | ส | ◌ิ | ป | ◌ั | บ | อ | ห | ศ | บ |
| ต | ท | ศ | น | ◌ิ | ย | ม | โ | ไ | ค | ต | ง | ถ | เ | ต |
| ร | ต | ซ | ผ | ค | ส | เ | ล | ว | ม | เ | ศ | ซ | ซ | ◌์ |
| ม | แ | ซ | ผ | ว | ◌ี | ไ | ก | ฉ | แ | ง | า | ก | น | ซ |
| ธ | ค | ม | ะ | า | เ | ก | ร | ล | ช | ะ | ศ | ค | ต | น |
| ก | แ | ช | ด | ม | บ | ภ | ◌ั | พ | ง | ญ | ญ | ว | ◌ิ | อ |
| ภ | ◌ิ | ศ | ค | ล | ◌ั | ค | ม | ต | ฟ | ว | ผ | า | เ | อ |
| ม | ซ | โ | ง | ◌ื | ด | ส | ว | ณ | ศ | ย | ล | ม | ม | ม |
| น | ค | บ | ล | ก | ะ | ช | น | า | ะ | แ | ◌ิ | ส | ต | เ |
| ย | ส | น | แ | เ | ร | ศ | ไ | ส | ม | ส | ต | ◌ู | ร | จ |
| ฟ | ห | า | ผ | จ | ม | ย | ง | ภ | ศ | ย | ร | ง | น | ด |
| ะ | ป | อ | ช | ธ | ข | ต | น | ◌ิ | ◌้ | ว | า | บ | า | ศ |
| ส | ญ | อ | ย | ค | ว | ป | ร | ไ | ห | ว | ศ | ว | ท | น |
| ค | ว | า | ม | ก | ว | ◌้ | า | ง | ไ | ษ | บ | ท | ◌ี | ค |

ความสูง
ไบต์
เซนติเมตร
กิโลกรัม
กิโลเมตร
ทศนิยม
องศา
กรัม
ความกว้าง
ลิตร
ความยาว
มวล
เมตร
นาที
ออนซ์
น้ำหนัก
นิ้ว
ความลึก
ตัน
ระดับเสียง

## 1 - Scacchi

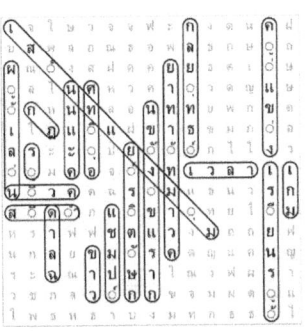

## 2 - Salute e Benessere #2

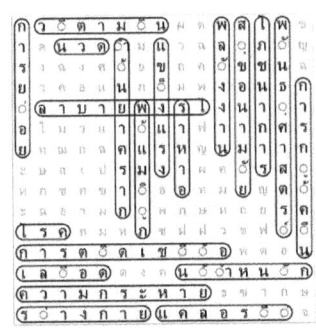

## 3 - Aggettivi #2

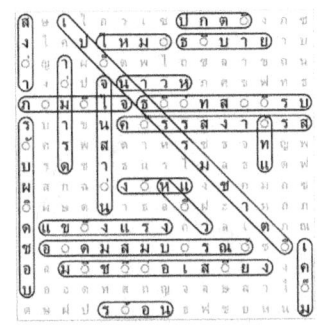

## 4 - Ingegneria

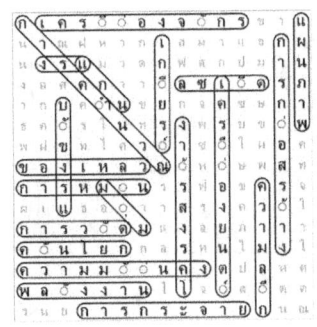

## 5 - Archeologia

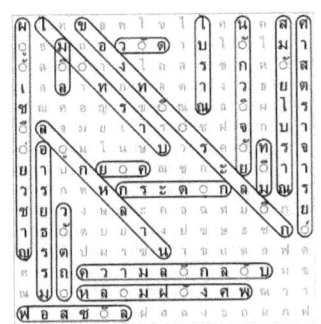

## 6 - Salute e Benessere #1

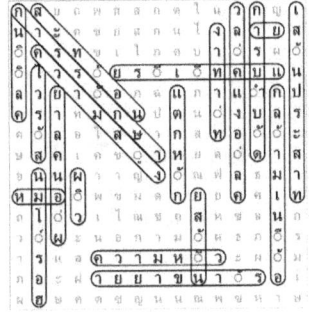

## 7 - Aggettivi #1

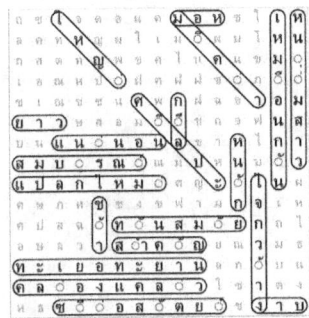

## 8 - Geologia

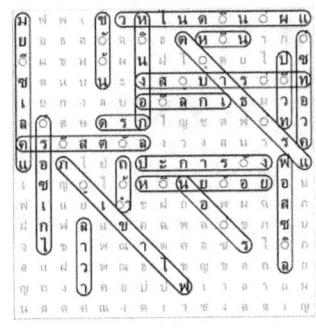

## 9 - Campeggio

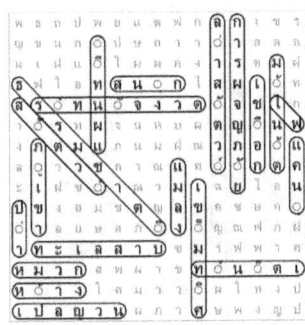

## 10 - Tempo

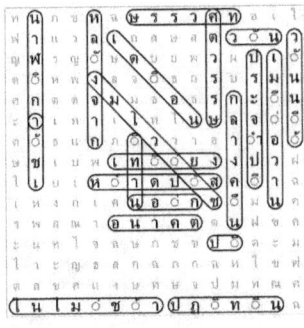

## 11 - Astronomia

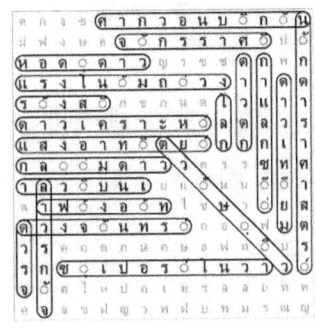

## 12 - Algebra

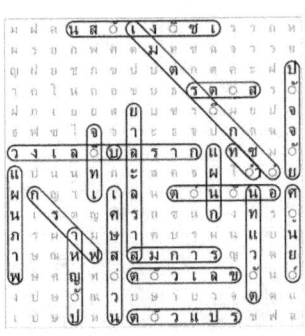

## 13 - Mitologia

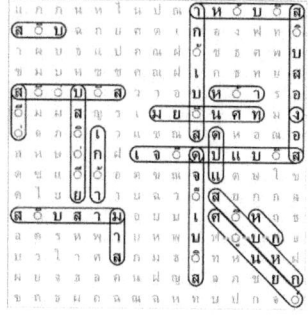

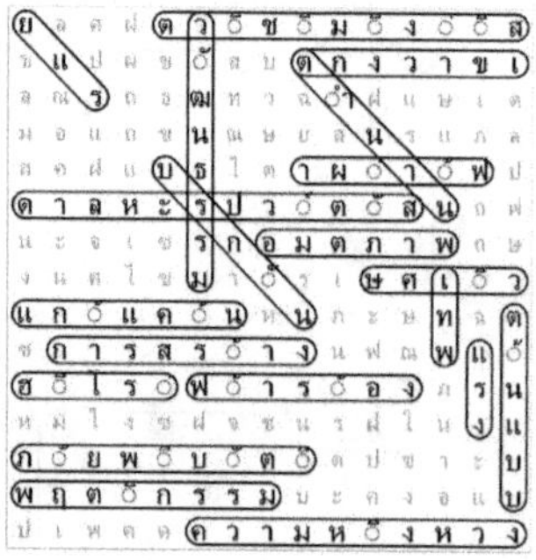

## 14 - Piante

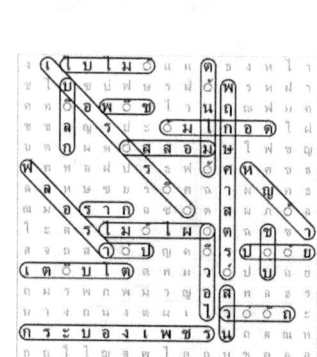

## 15 - Spezie

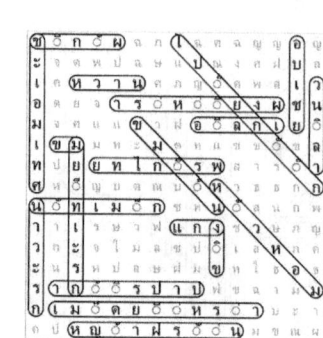

## 16 - Numeri

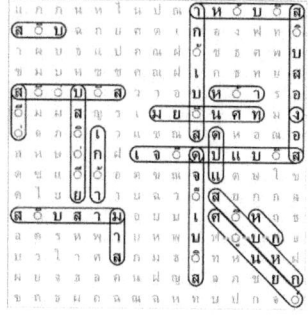

## 17 - Cioccolato

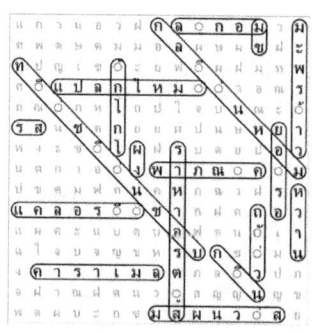

## 18 - Guida

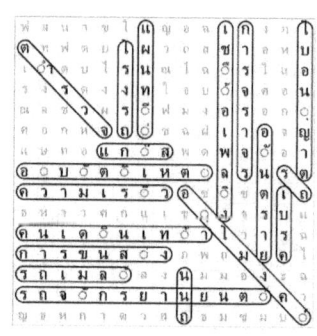

## 19 - I Media

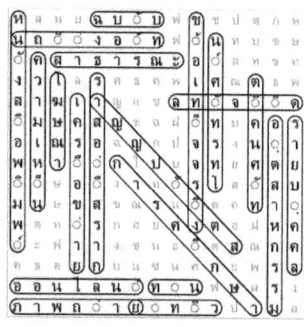

## 20 - Forza e Gravità

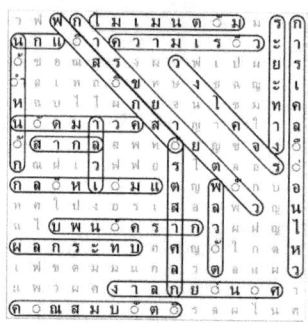

## 21 - Caffè

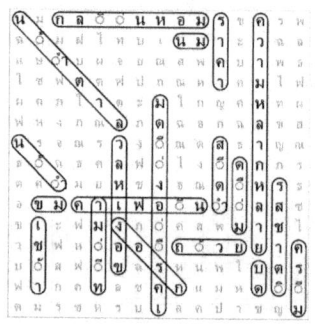

## 22 - Uccelli

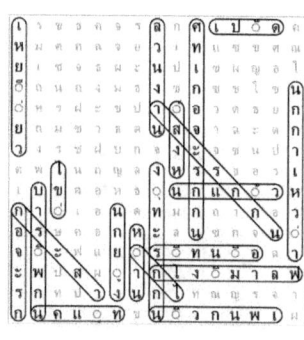

## 23 - Giorni e Mesi

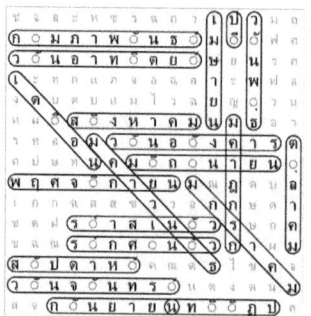

## 24 - Casa

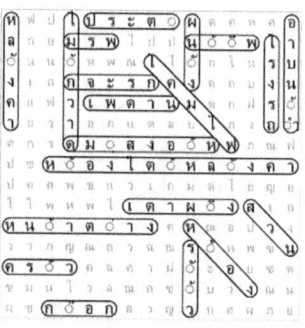

## 25 - Ristorante #1

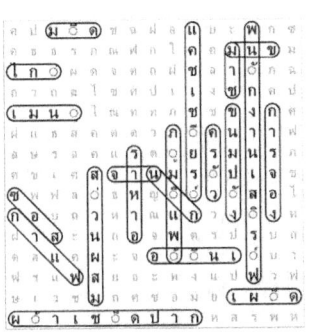

## 26 - Fantascienza

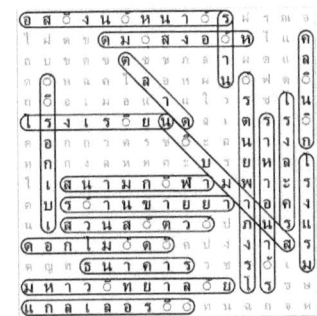

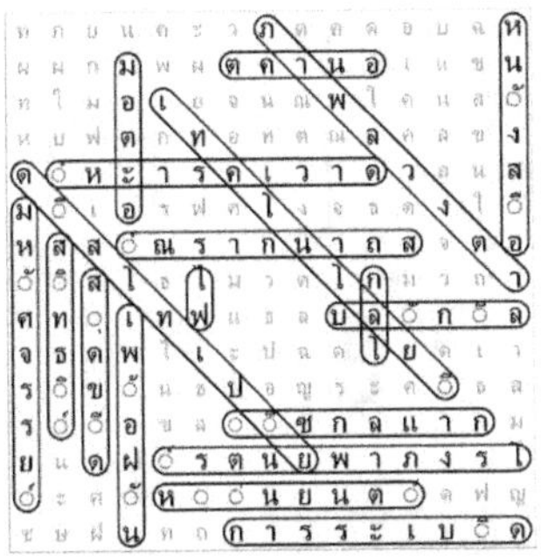

## 27 - Città

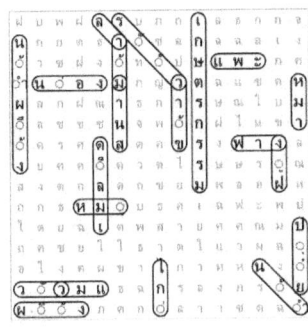

## 28 - Fattoria #1

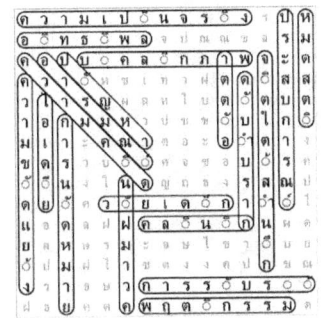

## 29 - Psicologia

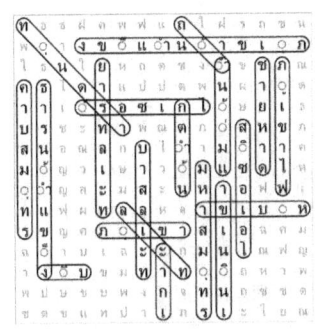

## 30 - Paesaggi

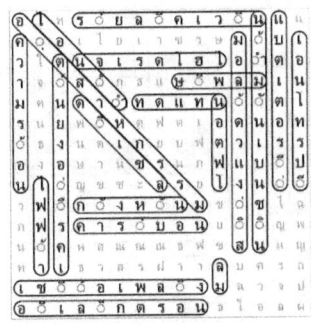

## 31 - Energia

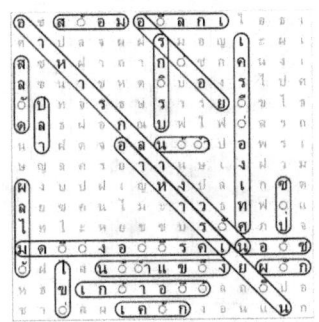

## 32 - Ristorante #2

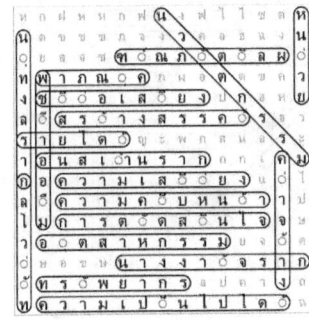

## 33 - L'Azienda

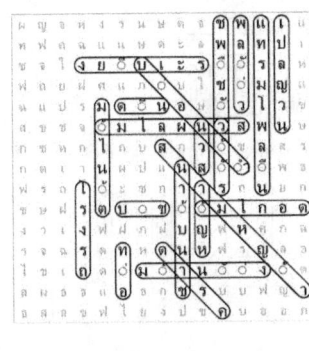

## 34 - Giardino

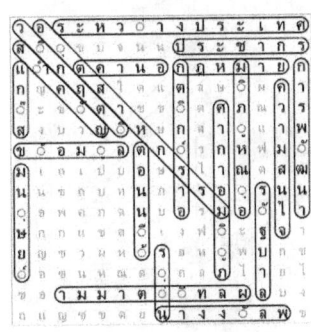

## 35 - Riscaldamento GI

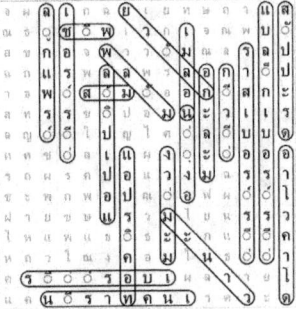

## 36 - Frutta

## 37 - Fattoria #2

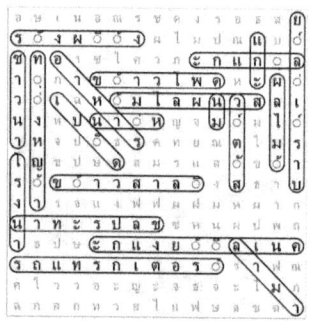

## 38 - Verdure

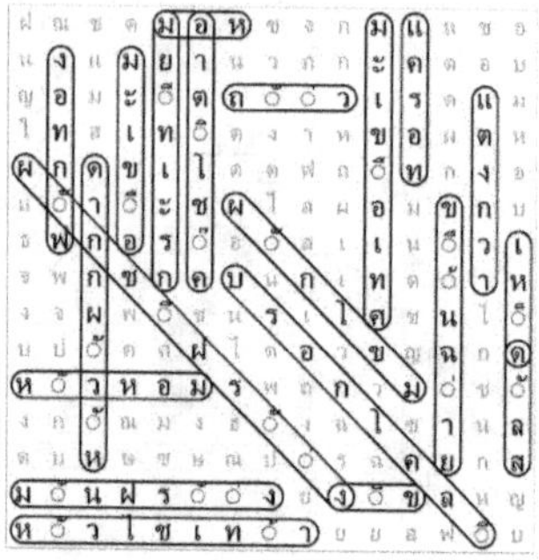

## 39 - Musica

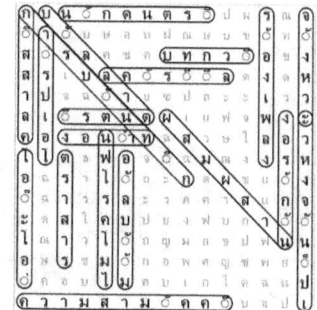

## 40 - Barbecue

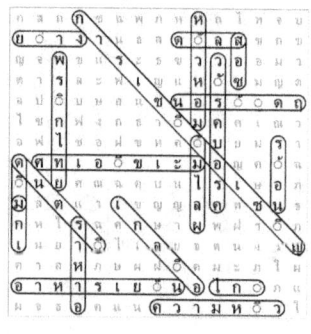

## 41 - Insetti

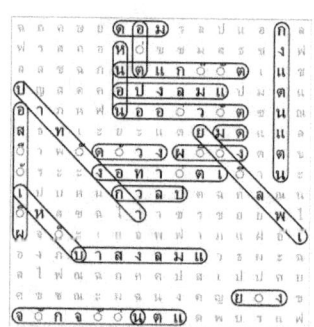

## 42 - Fisica

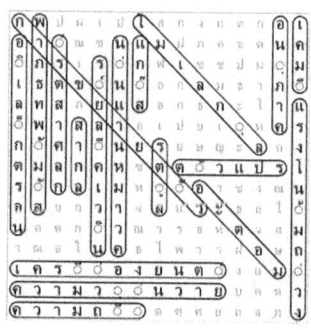

## 43 - Agronomia

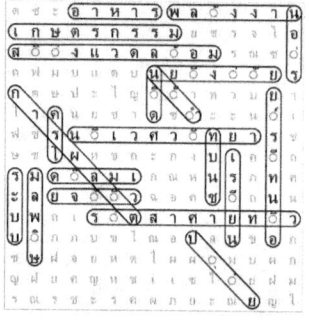

## 44 - Erboristeria

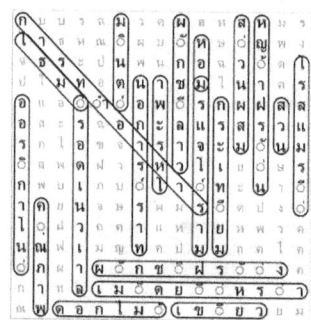

## 45 - Biologia

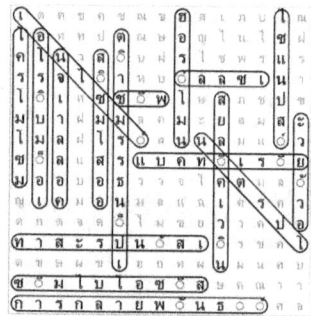

## 46 - Attività Commerciale

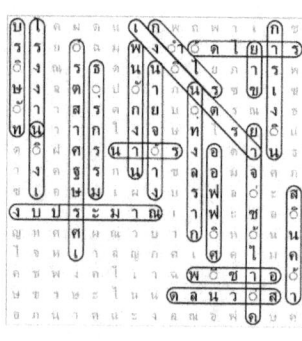

## 47 - Fiori

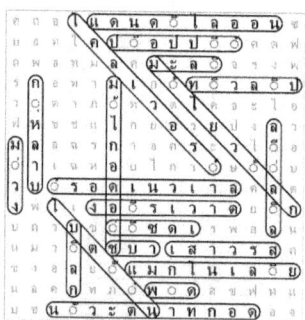

## 48 - Filantropia

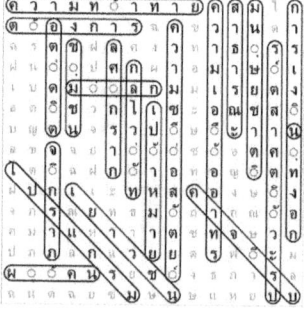

## 49 - Ecologia

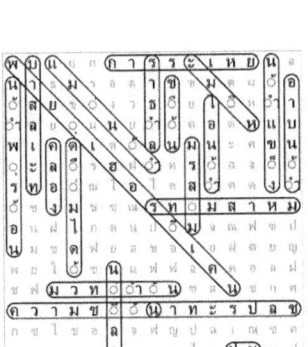

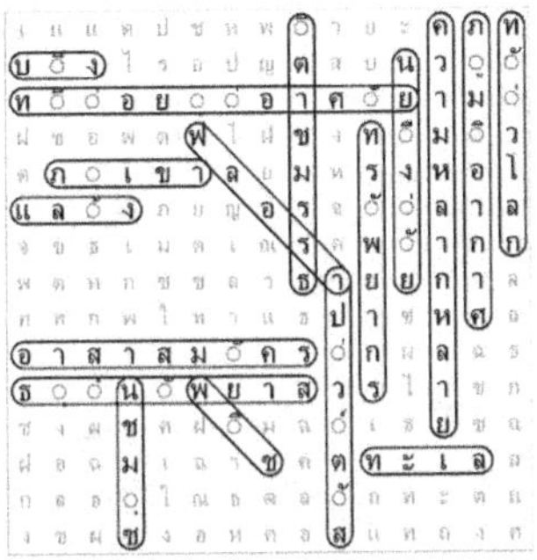

## 50 - Discipline Scientifiche

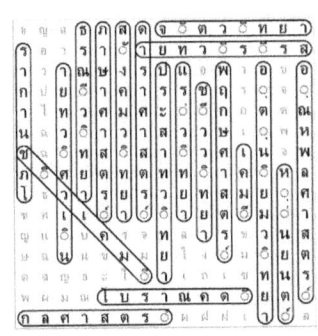

## 51 - Scienza

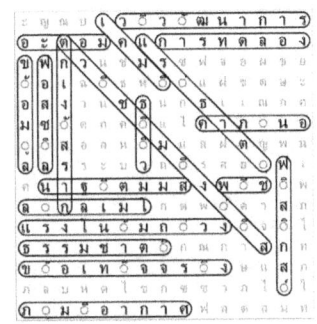

## 52 - Acqua

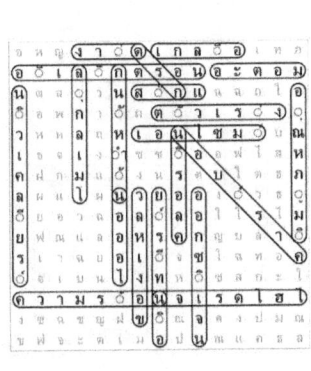

## 53 - Boxe

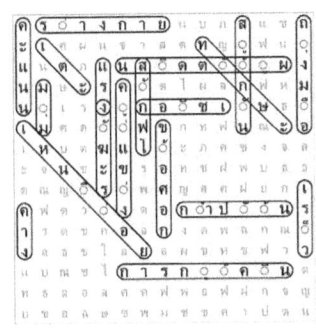

## 54 - Imbarcazioni

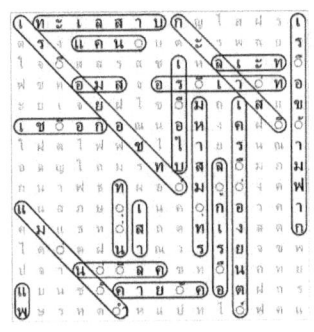

## 55 - Chimica

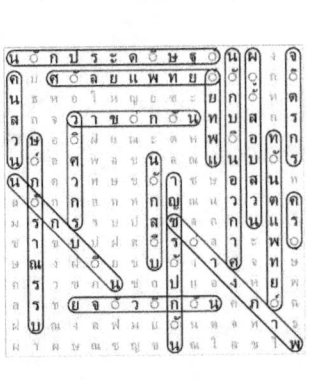

## 56 - Api

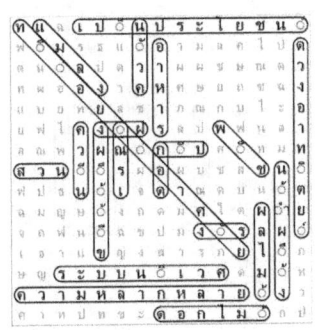

## 57 - Strumenti Musicali

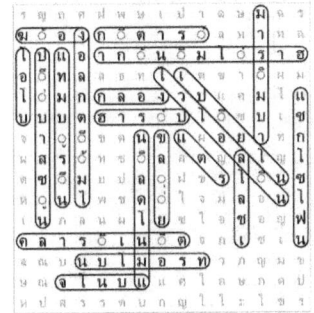

## 58 - Professioni #2

## 59 - Letteratura

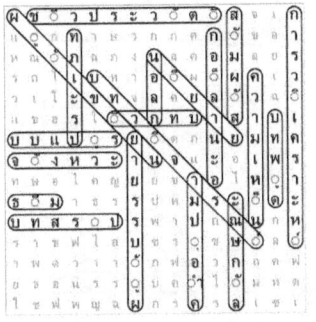

## 60 - Cibo #2

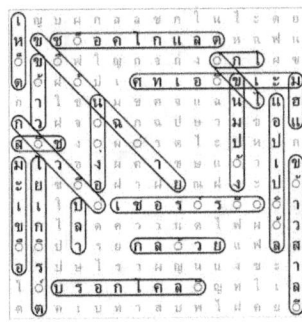

## 61 - Nutrizione

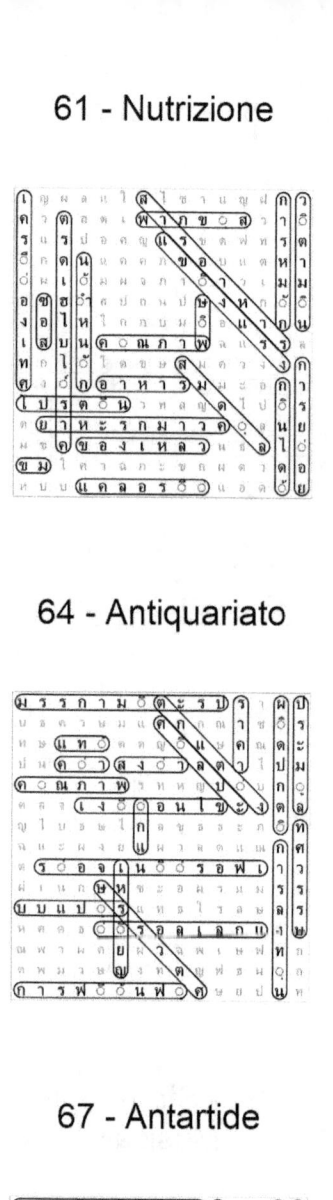

## 62 - Matematica

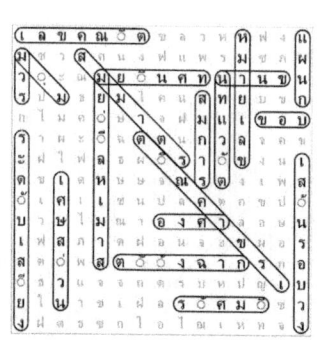

## 63 - Meditazione

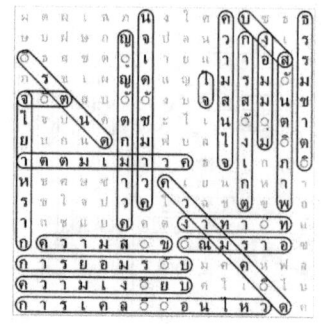

## 64 - Antiquariato

## 65 - Escursionismo

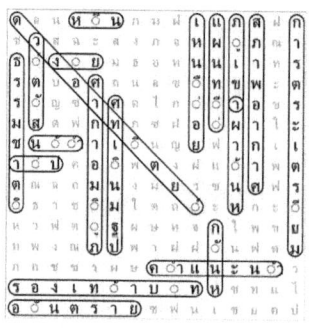

## 66 - Professioni #1

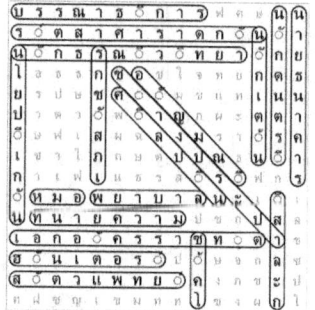

## 67 - Antartide

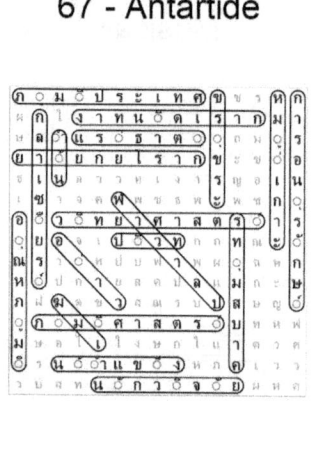

## 68 - Libri

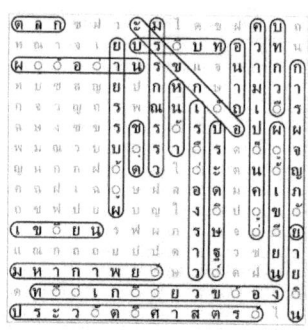

## 69 - Geografia

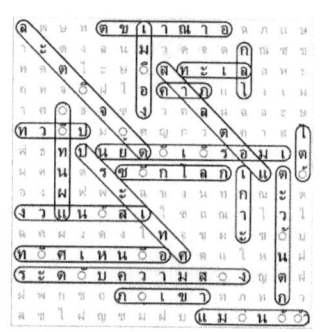

## 70 - Cibo #1

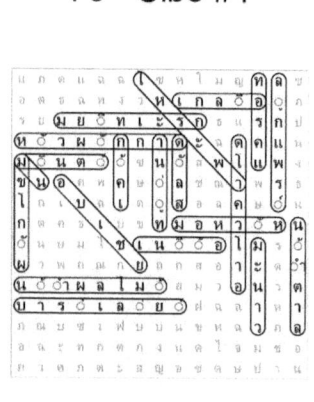

## 71 - Aeroplani

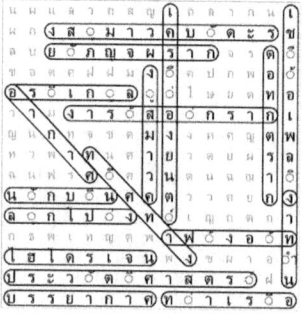

## 72 - Governo

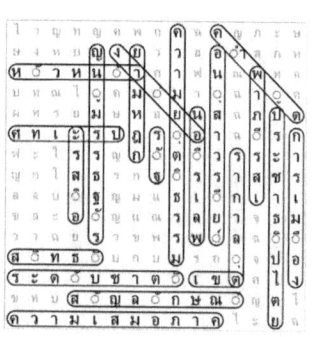

## 73 - Colori

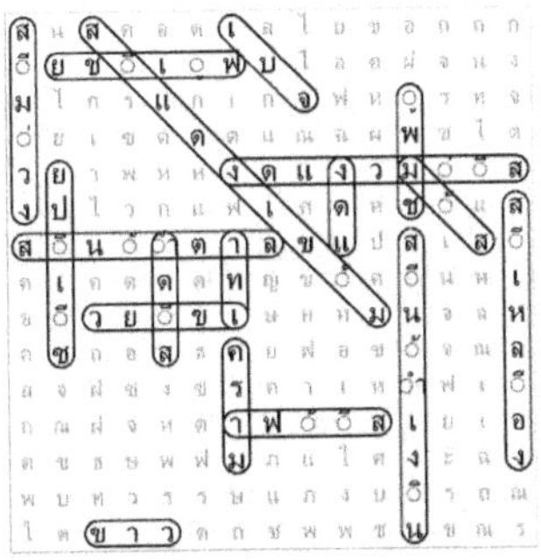

## 74 - Bellezza

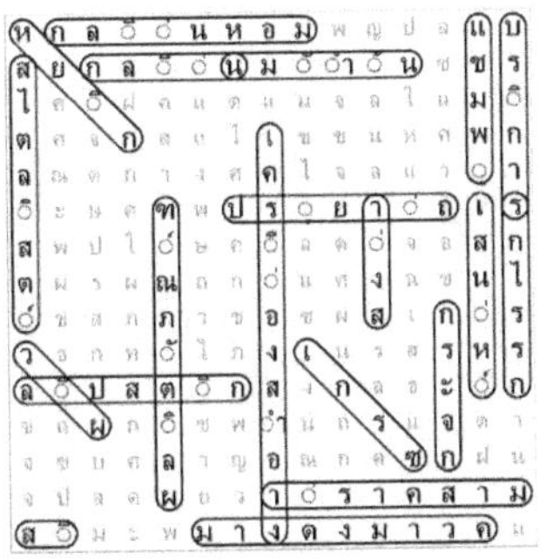

## 75 - Avventura

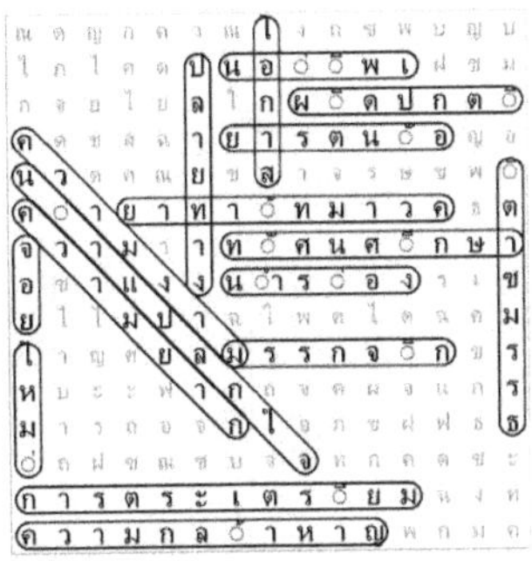

## 76 - Oceano

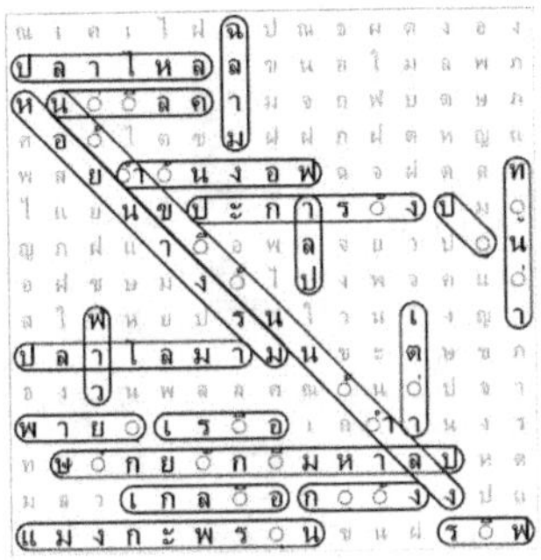

## 77 - Creatività

## 78 - Veicoli

## 79 - Natura

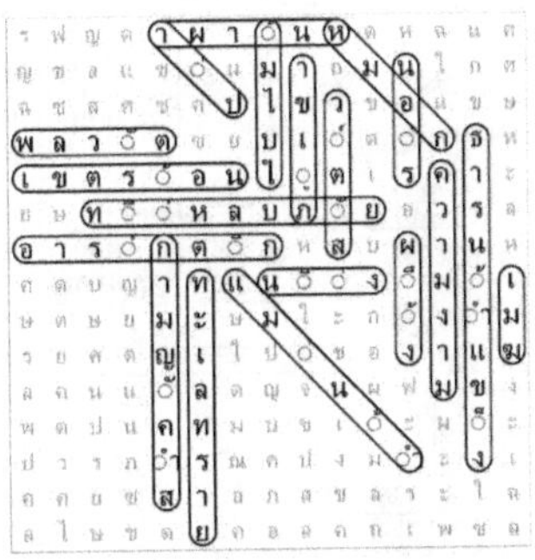

## 80 - Balletto

## 81 - Paesi #1

## 82 - Geometria

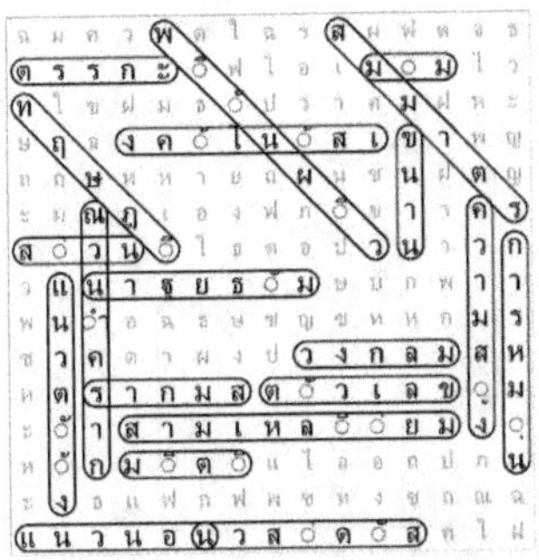

## 83 - Edifici

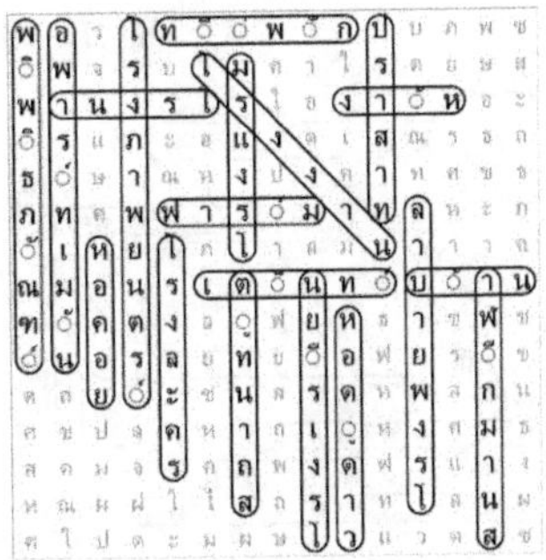

## 84 - Malattia

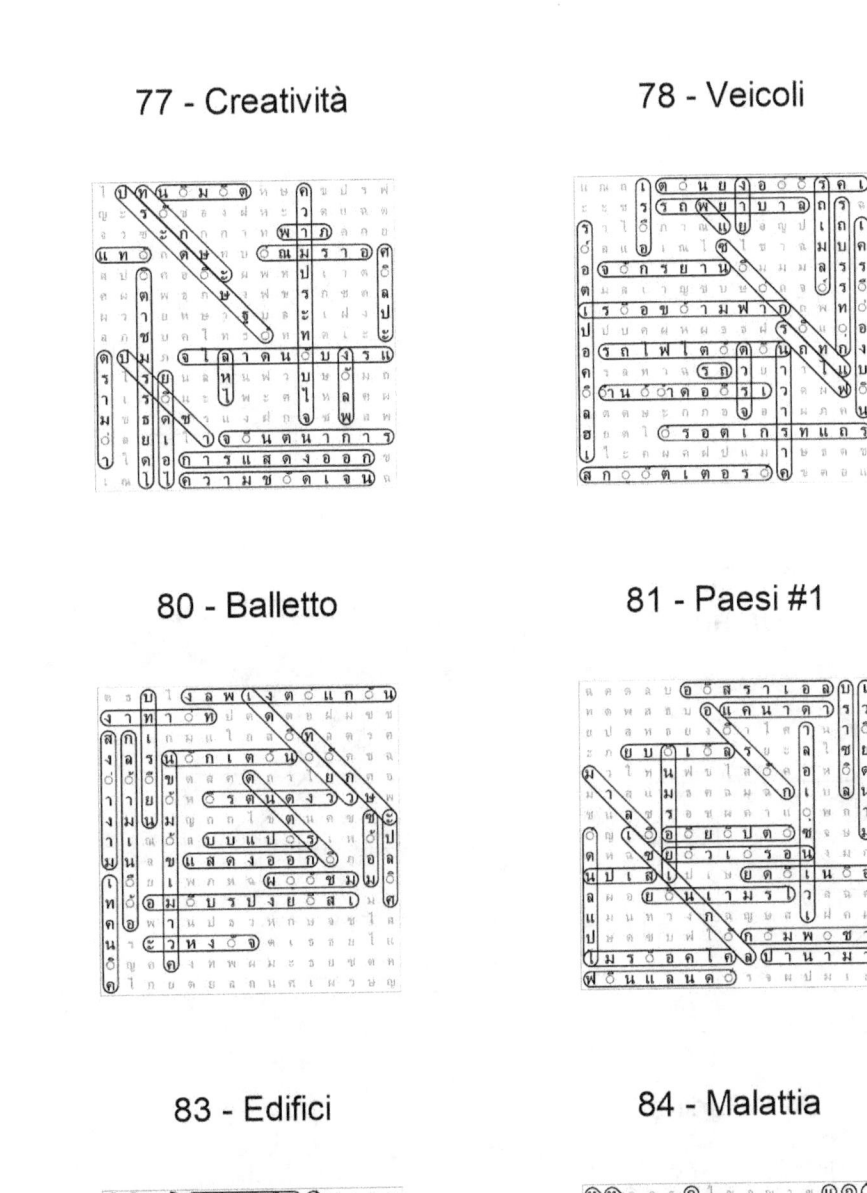

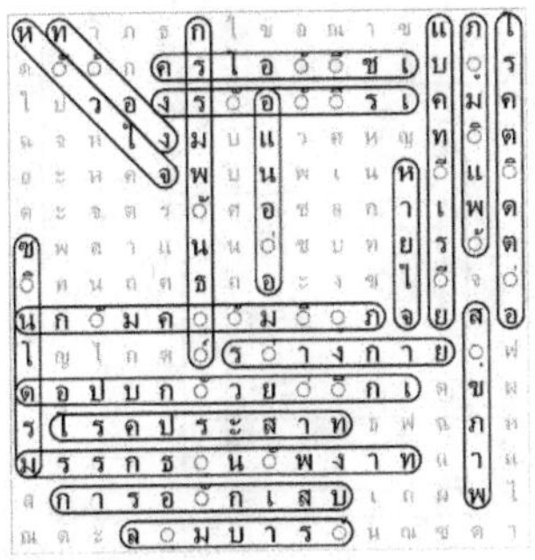

## 85 - Paesi #2

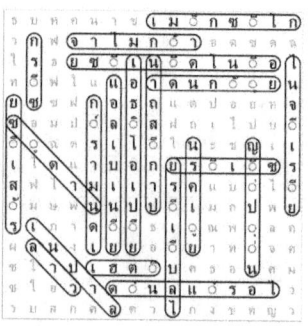

## 86 - Tipi di Capelli

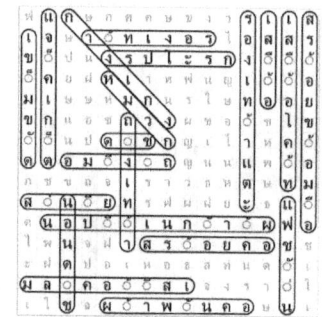

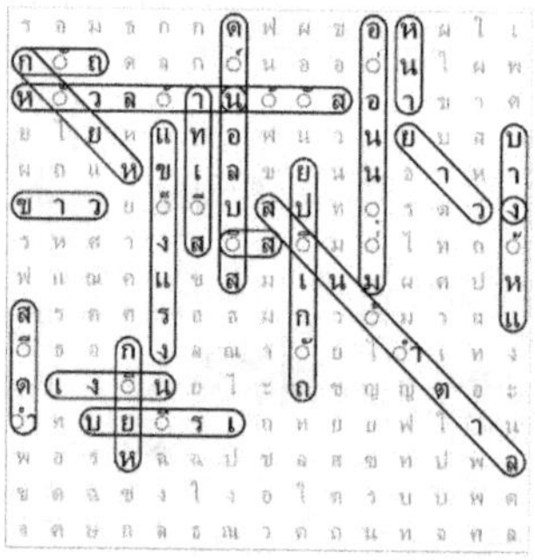

## 87 - Vestiti

## 88 - Tecnologia

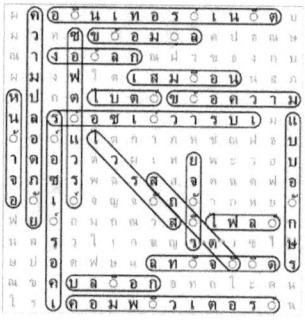

## 89 - Arte

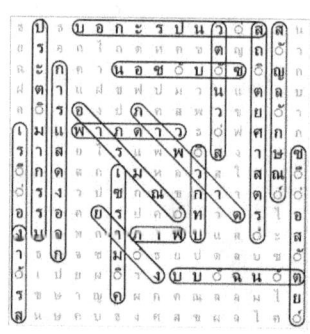

## 90 - Meteo

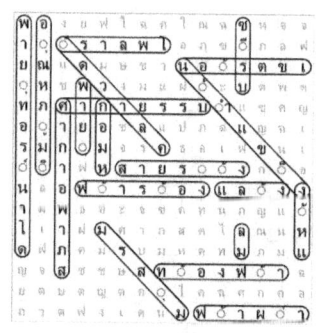

## 91 - Corpo Umano

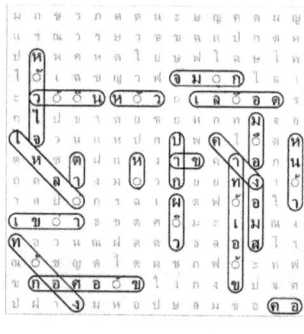

## 92 - Mammiferi

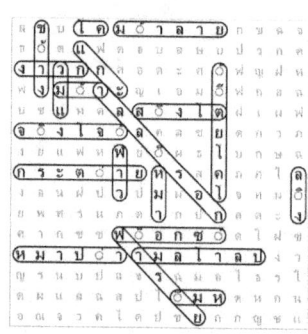

## 93 - Arrampicata

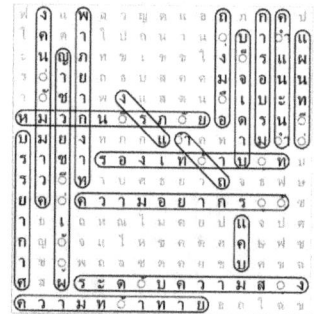

## 94 - Cucina

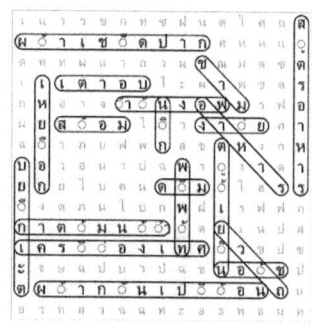

## 95 - Jazz

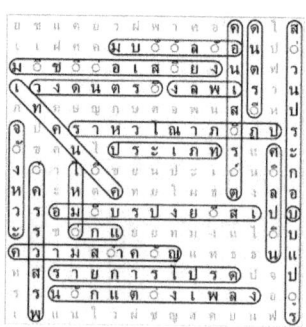

## 96 - Vacanze #2

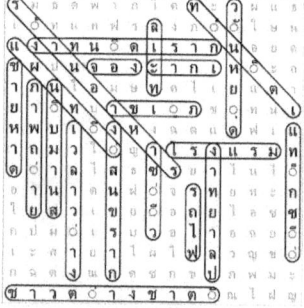

## 97 - Attività

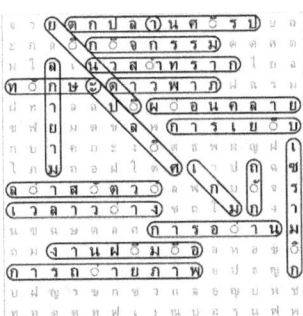

## 98 - Diplomazia

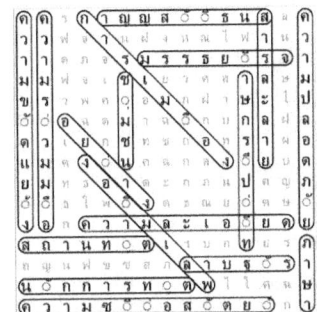

## 99 - Forniture Artistiche

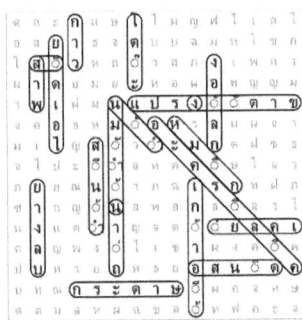

## 100 - Misurazioni

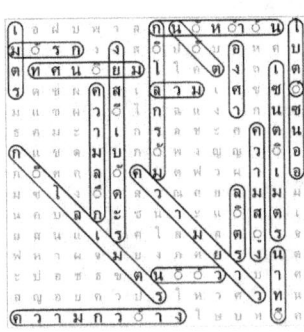

# Dizionario

## *Acqua*
น้ำ

| | |
|---|---|
| **Alluvione** | น้ำท่วม |
| **Canale** | คลอง |
| **Doccia** | อาบน้ำ |
| **Evaporazione** | การระเหย |
| **Fiume** | แม่น้ำ |
| **Flusso** | ลำธาร |
| **Geyser** | น้ำพุร้อน |
| **Ghiaccio** | น้ำแข็ง |
| **Irrigazione** | ชลประทาน |
| **Lago** | ทะเลสาบ |
| **Monsone** | มรสุม |
| **Neve** | หิมะ |
| **Oceano** | มหาสมุทร |
| **Onde** | คลื่น |
| **Pioggia** | ฝน |
| **Potabile** | ดื่มได้ |
| **Umidità** | ความชื้น |
| **Umido** | ชื้น |
| **Uragano** | พายุเฮอริเคน |
| **Vapore** | ไอน้ำ |

## *Aeroplani*
เครื่องบิน

| | |
|---|---|
| **Altezza** | ความสูง |
| **Altitudine** | ระดับความสูง |
| **Aria** | อากาศ |
| **Atmosfera** | บรรยากาศ |
| **Atterraggio** | ท่าเรือ |
| **Avventura** | การผจญภัย |
| **Carburante** | เชื้อเพลิง |
| **Cielo** | ท้องฟ้า |
| **Costruzione** | การก่อสร้าง |
| **Direzione** | ทิศทาง |
| **Discesa** | การตกทอด |
| **Equipaggio** | ลูกเรือ |
| **Idrogeno** | ไฮโดรเจน |
| **Motore** | เครื่องยนต์ |
| **Navigare** | นำทาง |
| **Palloncino** | ลูกโป่ง |
| **Passeggero** | ผู้โดยสาร |
| **Pilota** | นักบิน |
| **Storia** | ประวัติศาสตร์ |
| **Turbolenza** | ความปั่นป่วน |

## *Aggettivi #1*
คำคุณศัพท์ #1

| | |
|---|---|
| **Ambizioso** | ทะเยอทะยาน |
| **Aromatico** | หอม |
| **Artistico** | ศิลปะ |
| **Assoluto** | แน่นอน |
| **Attivo** | คล่องแคล่ว |
| **Esotico** | แปลกใหม่ |
| **Generoso** | ใจกว้าง |
| **Giovane** | หนุ่มสาว |
| **Grande** | ใหญ่ |
| **Identico** | เหมือนกัน |
| **Importante** | สำคัญ |
| **Lento** | ช้า |
| **Lungo** | ยาว |
| **Moderno** | ทันสมัย |
| **Onesto** | ซื่อสัตย์ |
| **Perfetto** | สมบูรณ์ |
| **Pesante** | หนัก |
| **Prezioso** | มีค่า |
| **Profondo** | ลึก |
| **Sottile** | บาง |

## *Aggettivi #2*
คำคุณศัพท์ #2

| | |
|---|---|
| **Affamato** | หิว |
| **Asciutto** | แห้ง |
| **Autentico** | แท้ |
| **Caldo** | ร้อน |
| **Creativo** | สร้างสรรค์ |
| **Descrittivo** | อธิบาย |
| **Dolce** | หวาน |
| **Drammatico** | ดราม่า |
| **Elegante** | สง่า |
| **Famoso** | มีชื่อเสียง |
| **Interessante** | น่าสนใจ |
| **Naturale** | เป็นธรรมชาติ |
| **Normale** | ปกติ |
| **Nuovo** | ใหม่ |
| **Orgoglioso** | ภูมิใจ |
| **Produttivo** | อุดมสมบูรณ์ |
| **Puro** | บริสุทธิ์ |
| **Responsabile** | รับผิดชอบ |
| **Salato** | เค็ม |
| **Sano** | แข็งแรง |

## *Agronomia*
ปฐพีวิทยา

| | |
|---|---|
| **Acqua** | น้ำ |
| **Agricoltura** | เกษตรกรรม |
| **Ambiente** | สิ่งแวดล้อม |
| **Cibo** | อาหาร |
| **Ecologia** | นิเวศวิทยา |
| **Energia** | พลังงาน |
| **Erosione** | ร่อน |
| **Fertilizzante** | ปุ๋ย |
| **Inquinamento** | มลพิษ |
| **Malattie** | โรค |
| **Organico** | อินทรีย์ |
| **Produzione** | การผลิต |
| **Ricerca** | วิจัย |
| **Rurale** | ชนบท |
| **Scienza** | วิทยาศาสตร์ |
| **Semi** | เมล็ด |
| **Sistemi** | ระบบ |
| **Sostenibile** | ยั่งยืน |
| **Studio** | เรียน |
| **Suolo** | ดิน |

## *Algebra*
พีชคณิต

| | |
|---|---|
| **Diagramma** | แผนภาพ |
| **Divisione** | แผนก |
| **Equazione** | สมการ |
| **Esponente** | ตัวแทน |
| **Falso** | เท็จ |
| **Fattore** | ปัจจัย |
| **Formula** | สูตร |
| **Frazione** | เศษส่วน |
| **Grafico** | กราฟ |
| **Infinito** | อนันต์ |
| **Lineare** | เชิงเส้น |
| **Matrice** | เมตริกซ์ |
| **Numero** | ตัวเลข |
| **Parentesi** | วงเล็บ |
| **Problema** | ปัญหา |
| **Semplificare** | ทำ |
| **Soluzione** | สารละลาย |
| **Sottrazione** | การลบ |
| **Variabile** | ตัวแปร |
| **Zero** | ศูนย์ |

## *Antartide*
ทวีปแอนตาร์กติกา

| | |
|---|---|
| **Acqua** | น้ำ |
| **Ambiente** | สิ่งแวดล้อม |
| **Baia** | อ่าว |
| **Balene** | ปลาวาฬ |
| **Conservazione** | การอนุรักษ์ |
| **Continente** | ทวีป |
| **Geografia** | ภูมิศาสตร์ |
| **Ghiacciai** | กลาเซียร์ |
| **Ghiaccio** | น้ำแข็ง |
| **Isole** | หมู่เกาะ |
| **Migrazione** | การโยกย้าย |
| **Minerali** | แร่ธาตุ |
| **Nuvole** | เมฆ |
| **Penisola** | คาบสมุทร |
| **Ricercatore** | นักวิจัย |
| **Roccioso** | ขรุขระ |
| **Scientifico** | วิทยาศาสตร์ |
| **Spedizione** | การเดินทาง |
| **Temperatura** | อุณหภูมิ |
| **Topografia** | ภูมิประเทศ |

## *Antiquariato*
ของเก่า

| | |
|---|---|
| **Arte** | ศิลปะ |
| **Asta** | ประมูล |
| **Autentico** | แท้ |
| **Condizione** | เงื่อนไข |
| **Decenni** | ทศวรรษ |
| **Decorativo** | ตกแต่ง |
| **Elegante** | สง่า |
| **Galleria** | แกลเลอรี่ |
| **Insolito** | ผิดปกติ |
| **Investimento** | การลงทุน |
| **Mobilio** | เฟอร์นิเจอร์ |
| **Monete** | เหรียญ |
| **Prezzo** | ราคา |
| **Qualità** | คุณภาพ |
| **Restauro** | การฟื้นฟู |
| **Scultura** | ประติมากรรม |
| **Secolo** | ศตวรรษ |
| **Stile** | รูปแบบ |
| **Valore** | ค่า |
| **Vecchio** | แก่ |

## *Api*
ผึ้ง

| | |
|---|---|
| **Ali** | ปีก |
| **Alveare** | รัง |
| **Benefico** | เป็นประโยชน์ |
| **Cera** | ขี้ผึ้ง |
| **Cibo** | อาหาร |
| **Diversità** | ความหลากหลาย |
| **Ecosistema** | ระบบนิเวศ |
| **Fiori** | ดอกไม้ |
| **Fiorire** | ดอก |
| **Frutta** | ผลไม้ |
| **Fumo** | ควัน |
| **Giardino** | สวน |
| **Habitat** | ที่อยู่อาศัย |
| **Insetto** | แมลง |
| **Miele** | น้ำผึ้ง |
| **Piante** | พืช |
| **Polline** | เรณู |
| **Regina** | ควีน |
| **Sciame** | ฝูง |
| **Sole** | ดวงอาทิตย์ |

## *Archeologia*
โบราณคดี

| | |
|---|---|
| **Analisi** | การวิเคราะห์ |
| **Antichità** | สมัยโบราณ |
| **Antico** | โบราณ |
| **Civiltà** | อารยธรรม |
| **Dimenticato** | ลืม |
| **Discendente** | ลูกหลาน |
| **Era** | ยุค |
| **Esperto** | ผู้เชี่ยวชาญ |
| **Fossile** | ฟอสซิล |
| **Mistero** | ความลึกลับ |
| **Oggetti** | วัตถุ |
| **Ossa** | กระดูก |
| **Professore** | ศาสตราจารย์ |
| **Reliquia** | ของที่ระลึก |
| **Ricercatore** | นักวิจัย |
| **Sconosciuto** | ไม่ทราบ |
| **Squadra** | ทีม |
| **Tempio** | วัด |
| **Tomba** | หลุมฝังศพ |
| **Valutazione** | การประเมิน |

## *Arrampicata*
ปีนเขา

| | |
|---|---|
| **Altitudine** | ระดับความสูง |
| **Atmosfera** | บรรยากาศ |
| **Casco** | หมวกนิรภัย |
| **Curiosità** | ความอยากรู้ |
| **Esperto** | ผู้เชี่ยวชาญ |
| **Fisico** | ทางกายภาพ |
| **Formazione** | การอบรม |
| **Forza** | แรง |
| **Grotta** | ถ้ำ |
| **Guanti** | ถุงมือ |
| **Guide** | คำแนะนำ |
| **Lesione** | บาดเจ็บ |
| **Mappa** | แผนที่ |
| **Sfide** | ความท้าทาย |
| **Stabilità** | ความมั่นคง |
| **Stivali** | รองเท้าบูท |
| **Stretto** | แคบ |
| **Terreno** | ภูมิประเทศ |

## *Arte*
ศิลปะ

| | |
|---|---|
| **Ceramica** | เซรามิค |
| **Complesso** | ซับซ้อน |
| **Composizione** | ส่วนประกอบ |
| **Creare** | สร้าง |
| **Dipinti** | ภาพวาด |
| **Espressione** | การแสดงออก |
| **Onesto** | ซื่อสัตย์ |
| **Originale** | ต้นฉบับ |
| **Personale** | ส่วนตัว |
| **Poesia** | บทกวี |
| **Ritrarre** | วาดภาพ |
| **Scultura** | ประติมากรรม |
| **Semplice** | ง่าย |
| **Simbolo** | สัญลักษณ์ |
| **Soggetto** | เรื่อง |
| **Surrealismo** | สถิตยศาสตร์ |
| **Umore** | อารมณ์ |
| **Visivo** | ภาพ |

## *Astronomia*
ดาราศาสตร์

| | |
|---|---|
| **Astronauta** | นักบินอวกาศ |
| **Astronomo** | นักดาราศาสตร์ |
| **Cielo** | ท้องฟ้า |
| **Costellazione** | กลุ่มดาว |
| **Equinozio** | วิษุวัต |
| **Galassia** | กาแลกซี่ |
| **Gravità** | แรงโน้มถ่วง |
| **Luna** | ดวงจันทร์ |
| **Meteora** | ดาวตก |
| **Nebulosa** | เนบิวลา |
| **Osservatorio** | หอดูดาว |
| **Pianeta** | ดาวเคราะห์ |
| **Radiazione** | รังสี |
| **Razzo** | จรวด |
| **Satellite** | ดาวเทียม |
| **Solare** | แสงอาทิตย์ |
| **Supernova** | ซูเปอร์โนวา |
| **Terra** | โลก |
| **Universo** | จักรวาล |
| **Zodiaco** | จักรราศี |

## *Attività*
กิจกรรมต่างๆ

| | |
|---|---|
| **Abilità** | ทักษะ |
| **Arte** | ศิลปะ |
| **Artigianato** | งานฝีมือ |
| **Attività** | กิจกรรม |
| **Caccia** | ล่าสัตว์ |
| **Ceramica** | เซรามิก |
| **Cucire** | การเย็บ |
| **Fotografia** | การถ่ายภาพ |
| **Giardinaggio** | การทำสวน |
| **Giochi** | เกม |
| **Lettura** | การอ่าน |
| **Magia** | มายากล |
| **Maglieria** | ถัก |
| **Pesca** | ตกปลา |
| **Piacere** | ยินดี |
| **Pittura** | ภาพวาด |
| **Puzzle** | ปริศนา |
| **Rilassamento** | ผ่อนคลาย |
| **Tempo Libero** | เวลาว่าง |

## *Attività Commerciale*
ธุรกิจ

| | |
|---|---|
| **Bilancio** | งบประมาณ |
| **Carriera** | อาชีพ |
| **Costo** | ค่าใช้จ่าย |
| **Datore di Lavoro** | นายจ้าง |
| **Dipendente** | พนักงาน |
| **Economia** | เศรษฐศาสตร์ |
| **Fabbrica** | โรงงาน |
| **Finanza** | การเงิน |
| **Investimento** | การลงทุน |
| **Merce** | สินค้า |
| **Negozio** | ร้าน |
| **Profitto** | กำไร |
| **Reddito** | รายได้ |
| **Sconto** | ส่วนลด |
| **Società** | บริษัท |
| **Soldi** | เงิน |
| **Transazione** | ธุรกรรม |
| **Ufficio** | ออฟฟิศ |
| **Valuta** | เงินตรา |
| **Vendita** | ขาย |

## *Avventura*
การผจญภัย

| | |
|---|---|
| **Amici** | เพื่อน |
| **Attività** | กิจกรรม |
| **Bellezza** | ความงาม |
| **Coraggio** | ความกล้าหาญ |
| **Destinazione** | ปลายทาง |
| **Difficoltà** | ความยาก |
| **Escursione** | ทัศนศึกษา |
| **Gioia** | จอย |
| **Insolito** | ผิดปกติ |
| **Natura** | ธรรมชาติ |
| **Navigazione** | นำร่อง |
| **Nuovo** | ใหม่ |
| **Opportunità** | โอกาส |
| **Pericoloso** | อันตราย |
| **Preparazione** | การตระเตรียม |
| **Sfide** | ความท้าทาย |
| **Sicurezza** | ความปลอดภัย |
| **Sorprendente** | น่าแปลกใจ |
| **Viaggi** | การเดินทาง |

## *Balletto*
บัลเล่ต์

| | |
|---|---|
| **Abilità** | ทักษะ |
| **Applauso** | เสียงปรบมือ |
| **Artistico** | ศิลปะ |
| **Assolo** | เดี่ยว |
| **Ballerini** | นักเต้น |
| **Compositore** | นักแต่งเพลง |
| **Espressivo** | แสดงออก |
| **Gesto** | ท่าทาง |
| **Grazioso** | สง่างาม |
| **Intensità** | ความเข้มข้น |
| **Lezioni** | บทเรียน |
| **Muscoli** | กล้ามเนื้อ |
| **Musica** | ดนตรี |
| **Orchestra** | วงดนตรี |
| **Prova** | ซ้อม |
| **Pubblico** | ผู้ชม |
| **Ritmo** | จังหวะ |
| **Stile** | รูปแบบ |
| **Tecnica** | เทคนิค |

## *Barbecue*
บาร์บีคิว

| | |
|---|---|
| **Caldo** | ร้อน |
| **Cena** | อาหารเย็น |
| **Cibo** | อาหาร |
| **Cipolle** | หัวหอม |
| **Coltelli** | มีด |
| **Estate** | ฤดูร้อน |
| **Fame** | ความหิว |
| **Famiglia** | ครอบครัว |
| **Frutta** | ผลไม้ |
| **Giochi** | เกม |
| **Griglia** | ย่าง |
| **Insalate** | สลัด |
| **Invito** | การเชื้อเชิญ |
| **Musica** | ดนตรี |
| **Pepe** | พริกไทย |
| **Pollo** | ไก่ |
| **Pomodori** | มะเขือเทศ |
| **Pranzo** | อาหารกลางวัน |
| **Sale** | เกลือ |
| **Salsa** | ซอส |

## Bellezza
ความงาม

| | |
|---|---|
| Colore | สี |
| Cosmetici | เครื่องสำอาง |
| Elegante | สง่า |
| Eleganza | ความงดงาม |
| Fascino | เสน่ห์ |
| Forbici | กรรไกร |
| Fotogenico | ถ่ายรูป |
| Fragranza | กลิ่นหอม |
| Grazia | เกรซ |
| Mascara | มาสคาร่า |
| Oli | น้ำมัน |
| Pelle | ผิว |
| Prodotti | ผลิตภัณฑ์ |
| Profumo | กลิ่น |
| Riccioli | หยิก |
| Rossetto | ลิปสติก |
| Servizi | บริการ |
| Shampoo | แชมพู |
| Specchio | กระจก |
| Stilista | สไตลิสต์ |

## Biologia
ชีววิทยา

| | |
|---|---|
| Batteri | แบคทีเรีย |
| Cellula | เซลล์ |
| Collagene | คอลลาเจน |
| Cromosoma | โครโมโซม |
| Embrione | เอ็มบริโอ |
| Enzima | เอนไซม์ |
| Evoluzione | วิวัฒนาการ |
| Mutazione | การกลายพันธุ์ |
| Naturale | เป็นธรรมชาติ |
| Nervo | เส้นประสาท |
| Neurone | เซลล์ประสาท |
| Nucleo | นิวเคลียส |
| Organi | อวัยวะ |
| Ormone | ฮอร์โมน |
| Osmosi | ออสโมซิส |
| Piante | พืช |
| Proteina | โปรตีน |
| Simbiosi | ซิมไบโอซิส |
| Sinapsi | ไซแนปส์ |
| Specie | สายพันธุ์ |

## Boxe
การต่อยมวย

| | |
|---|---|
| Abilità | ทักษะ |
| Angolo | มุม |
| Arbitro | ผู้ตัดสิน |
| Avversario | คู่แข่ง |
| Calcio | เตะ |
| Campana | ระฆัง |
| Combattente | นักสู้ |
| Corde | เชือก |
| Corpo | ร่างกาย |
| Esaurito | เหนื่อย |
| Forza | แรง |
| Fuoco | โฟกัส |
| Gomito | ข้อศอก |
| Guanti | ถุงมือ |
| Mento | คาง |
| Pugno | กำปั้น |
| Punti | คะแนน |
| Rapido | เร็ว |
| Recupero | การกู้คืน |

## Caffè
กาแฟ

| | |
|---|---|
| Acqua | น้ำ |
| Amaro | ขม |
| Aroma | กลิ่นหอม |
| Bere | ดื่ม |
| Bevanda | เครื่องดื่ม |
| Caffeina | คาเฟอีน |
| Crema | ครีม |
| Filtro | กรอง |
| Gusto | รสชาติ |
| Latte | นม |
| Liquido | ของเหลว |
| Macinare | บด |
| Mattina | เช้า |
| Nero | สีดำ |
| Origine | ที่มา |
| Prezzo | ราคา |
| Tazza | ถ้วย |
| Varietà | ความหลากหลาย |
| Zucchero | น้ำตาล |

## Campeggio
ค่ายพักแรม

| | |
|---|---|
| Alberi | ต้นไม้ |
| Amaca | เปลญวน |
| Animali | สัตว์ |
| Avventura | การผจญภัย |
| Bussola | เข็มทิศ |
| Cabina | ห้าง |
| Caccia | ล่าสัตว์ |
| Canoa | แคนู |
| Cappello | หมวก |
| Corda | เชือก |
| Divertimento | สนุก |
| Foresta | ป่า |
| Fuoco | ไฟ |
| Insetto | แมลง |
| Lago | ทะเลสาบ |
| Luna | ดวงจันทร์ |
| Mappa | แผนที่ |
| Montagna | ภูเขา |
| Natura | ธรรมชาติ |
| Tenda | เต็นท์ |

## Casa
บ้าน

| | |
|---|---|
| Attico | ห้องใต้หลังคา |
| Biblioteca | ห้องสมุด |
| Camera | ห้อง |
| Camino | เตาผิง |
| Cucina | ครัว |
| Doccia | อาบน้ำ |
| Finestra | หน้าต่าง |
| Garage | โรงรถ |
| Giardino | สวน |
| Lampada | โคมไฟ |
| Parete | ผนัง |
| Pavimento | พื้น |
| Porta | ประตู |
| Recinto | รั้ว |
| Rubinetto | ก๊อก |
| Scopa | ไม้กวาด |
| Soffitto | เพดาน |
| Specchio | กระจก |
| Tappeto | พรม |
| Tetto | หลังคา |

## *Chimica*
เคมีภัณฑ์

| | |
|---|---|
| **Acido** | กรด |
| **Alcalino** | ด่าง |
| **Atomico** | อะตอม |
| **Calore** | ความร้อน |
| **Carbonio** | คาร์บอน |
| **Catalizzatore** | ตัวเร่ง |
| **Cloro** | คลอรีน |
| **Elettrone** | อิเล็กตรอน |
| **Enzima** | เอนไซม์ |
| **Gas** | แก๊ส |
| **Idrogeno** | ไฮโดรเจน |
| **Ione** | ไอออน |
| **Liquido** | ของเหลว |
| **Molecola** | โมเลกุล |
| **Nucleare** | นิวเคลียร์ |
| **Organico** | อินทรีย์ |
| **Ossigeno** | ออกซิเจน |
| **Peso** | น้ำหนัก |
| **Sale** | เกลือ |
| **Temperatura** | อุณหภูมิ |

## *Cibo #1*
อาหาร #1

| | |
|---|---|
| **Aglio** | กระเทียม |
| **Avocado** | อาโวคาโด |
| **Basilico** | โหระพา |
| **Cannella** | อบเชย |
| **Carne** | เนื้อ |
| **Carota** | แครอท |
| **Cipolla** | หัวหอม |
| **Insalata** | สลัด |
| **Latte** | นม |
| **Limone** | มะนาว |
| **Menta** | มินต์ |
| **Orzo** | บาร์เลย์ |
| **Pera** | ลูกแพร์ |
| **Rapa** | หัวผักกาด |
| **Sale** | เกลือ |
| **Spinaci** | ผักโขม |
| **Succo** | น้ำผลไม้ |
| **Tonno** | ทูน่า |
| **Torta** | เค้ก |
| **Zucchero** | น้ำตาล |

## *Cibo #2*
อาหาร #2

| | |
|---|---|
| **Banana** | กล้วย |
| **Broccolo** | บรอกโคลี |
| **Ciliegia** | เชอร์รี่ |
| **Cioccolato** | ช็อคโกแลต |
| **Formaggio** | ชีส |
| **Fungo** | เห็ด |
| **Grano** | ข้าวสาลี |
| **Kiwi** | กีวี่ |
| **Mela** | แอปเปิ้ล |
| **Melanzana** | มะเขือ |
| **Pane** | ขนมปัง |
| **Pesce** | ปลา |
| **Pollo** | ไก่ |
| **Pomodoro** | มะเขือเทศ |
| **Prosciutto** | แฮม |
| **Riso** | ข้าว |
| **Sedano** | ขึ้นฉ่าย |
| **Uovo** | ไข่ |
| **Uva** | องุ่น |
| **Yogurt** | โยเกิร์ต |

## *Cioccolato*
ช็อกโกแลต

| | |
|---|---|
| **Amaro** | ขม |
| **Arachidi** | ถั่ว |
| **Aroma** | กลิ่นหอม |
| **Artigianale** | ช่างฝีมือ |
| **Cacao** | โกโก้ |
| **Calorie** | แคลอรี่ |
| **Caramella** | ลูกอม |
| **Caramello** | คาราเมล |
| **Delizioso** | อร่อย |
| **Dolce** | หวาน |
| **Esotico** | แปลกใหม่ |
| **Gusto** | รส |
| **Ingrediente** | ส่วนผสม |
| **Mangiare** | กิน |
| **Noce di Cocco** | มะพร้าว |
| **Polvere** | ผง |
| **Preferito** | ที่ชื่นชอบ |
| **Qualità** | คุณภาพ |
| **Ricetta** | สูตรอาหาร |
| **Zucchero** | น้ำตาล |

## *Città*
เมือง

| | |
|---|---|
| **Aeroporto** | สนามบิน |
| **Banca** | ธนาคาร |
| **Biblioteca** | ห้องสมุด |
| **Cinema** | โรงภาพยนตร์ |
| **Clinica** | คลินิก |
| **Farmacia** | ร้านขายยา |
| **Fiorista** | ดอกไม้ดี |
| **Galleria** | แกลเลอรี่ |
| **Hotel** | โรงแรม |
| **Libreria** | ร้านหนังสือ |
| **Mercato** | ตลาด |
| **Museo** | พิพิธภัณฑ์ |
| **Negozio** | ร้าน |
| **Panetteria** | เบเกอรี่ |
| **Ristorante** | ร้านอาหาร |
| **Scuola** | โรงเรียน |
| **Stadio** | สนามกีฬา |
| **Teatro** | โรงละคร |
| **Università** | มหาวิทยาลัย |
| **Zoo** | สวนสัตว์ |

## *Colori*
สีสัน

| | |
|---|---|
| **Arancia** | ส้ม |
| **Beige** | เบจ |
| **Bianco** | ขาว |
| **Blu** | สีน้ำเงิน |
| **Ciano** | สีฟ้า |
| **Cremisi** | สีแดงเข้ม |
| **Fucsia** | ฟูเชีย |
| **Giallo** | สีเหลือง |
| **Grigio** | เทา |
| **Indaco** | คราม |
| **Magenta** | สีม่วงแดง |
| **Marrone** | สีน้ำตาล |
| **Nero** | สีดำ |
| **Rosa** | ชมพู |
| **Rosso** | แดง |
| **Seppia** | ซีเปีย |
| **Verde** | เขียว |
| **Viola** | สีม่วง |

## Corpo Umano
### ร่างกายมนุษย์

| | |
|---|---|
| Bocca | ปาก |
| Caviglia | ข้อเท้า |
| Cervello | สมอง |
| Collo | คอ |
| Cuore | หัวใจ |
| Dito | นิ้ว |
| Faccia | หน้า |
| Gamba | ขา |
| Ginocchio | เข่า |
| Gomito | ข้อศอก |
| Mano | มือ |
| Mento | คาง |
| Naso | จมูก |
| Occhio | ตา |
| Orecchio | หู |
| Pelle | ผิว |
| Sangue | เลือด |
| Spalla | ไหล่ |
| Stomaco | ท้อง |
| Testa | หัว |

## Creatività
### ความคิดสร้างสรรค์

| | |
|---|---|
| Abilità | ทักษะ |
| Artistico | ศิลปะ |
| Autenticità | แท้ |
| Chiarezza | ความชัดเจน |
| Drammatico | ดราม่า |
| Emozioni | อารมณ์ |
| Espressione | การแสดงออก |
| Fluidità | ไหล |
| Idee | ไอเดีย |
| Immaginazione | จินตนาการ |
| Immagine | ภาพ |
| Impressione | ความประทับใจ |
| Intensità | ความเข้มข้น |
| Intuizione | ปรีชา |
| Inventivo | ประดิษฐ์ |
| Ispirazione | แรงบันดาลใจ |
| Sentimenti | ความรู้สึก |
| Spontaneo | โดยธรรมชาติ |
| Visioni | นิมิต |
| Vitalità | พลัง |

## Cucina
### ห้องครัว

| | |
|---|---|
| Bacchette | ตะเกียบ |
| Bollitore | กาต้มน้ำ |
| Brocca | เหยือก |
| Cibo | อาหาร |
| Ciotola | ชาม |
| Coltelli | มีด |
| Cucchiai | ช้อน |
| Forchette | ส้อม |
| Forno | เตาอบ |
| Frigorifero | ตู้เย็น |
| Grembiule | ผ้ากันเปื้อน |
| Griglia | ย่าง |
| Mangiare | กิน |
| Mestolo | ทัพพี |
| Ricetta | สูตรอาหาร |
| Spezie | เครื่องเทศ |
| Spugna | ฟองน้ำ |
| Tazze | ถ้วย |
| Tovagliolo | ผ้าเช็ดปาก |

## Diplomazia
### การทูต

| | |
|---|---|
| Ambasciata | สถานทูต |
| Ambasciatore | เอกอัครราชทูต |
| Cittadini | พลเมือง |
| Comunità | ชุมชน |
| Conflitto | ความขัดแย้ง |
| Consigliere | ที่ปรึกษา |
| Cooperazione | ความร่วมมือ |
| Diplomatico | นักการทูต |
| Discussione | อย่าง |
| Etica | จริยธรรม |
| Giustizia | ความยุติธรรม |
| Governo | รัฐบาล |
| Integrità | ความซื่อสัตย์ |
| Lingue | ภาษา |
| Politica | การเมือง |
| Risoluzione | ความละเอียด |
| Sicurezza | ความปลอดภัย |
| Soluzione | สารละลาย |
| Trattato | สนธิสัญญา |
| Umanitario | มนุษยธรรม |

## Discipline Scientifiche
### สาขาวิชาวิทยาศาสตร์

| | |
|---|---|
| Archeologia | โบราณคดี |
| Astronomia | ดาราศาสตร์ |
| Biochimica | ชีวเคมี |
| Biologia | ชีววิทยา |
| Botanica | พฤกษศาสตร์ |
| Chimica | เคมี |
| Ecologia | นิเวศวิทยา |
| Fisiologia | สรีรวิทยา |
| Geologia | ธรณีวิทยา |
| Linguistica | ภาษาศาสตร์ |
| Meccanica | กลศาสตร์ |
| Meteorologia | อุตุนิยมวิทยา |
| Mineralogia | แร่วิทยา |
| Neurologia | ประสาทวิทยา |
| Nutrizione | โภชนาการ |
| Psicologia | จิตวิทยา |
| Robotica | หุ่นยนต์ |
| Sociologia | สังคมวิทยา |
| Termodinamica | อุณหพลศาสตร์ |
| Zoologia | สัตววิทยา |

## Ecologia
### นิเวศวิทยา

| | |
|---|---|
| Clima | ภูมิอากาศ |
| Comunità | ชุมชน |
| Diversità | ความหลากหลาย |
| Fauna | สัตว์ป่า |
| Flora | ฟลอรา |
| Globale | ทั่วโลก |
| Habitat | ที่อยู่อาศัย |
| Marino | ทะเล |
| Montagne | ภูเขา |
| Natura | ธรรมชาติ |
| Naturale | เป็นธรรมชาติ |
| Palude | บึง |
| Risorse | ทรัพยากร |
| Siccità | แล้ง |
| Sopravvivenza | การอยู่รอด |
| Sostenibile | ยั่งยืน |
| Specie | สายพันธุ์ |
| Vegetazione | พืช |
| Volontari | อาสาสมัคร |

## Edifici
### สิ่งปลูกสร้าง

| | |
|---|---|
| Ambasciata | สถานทูต |
| Appartamento | อพาร์ทเม้น |
| Cabina | ห้าง |
| Casa | บ้าน |
| Castello | ปราสาท |
| Cinema | โรงภาพยนตร์ |
| Fabbrica | โรงงาน |
| Fattoria | ฟาร์ม |
| Fienile | โรงนา |
| Hotel | โรงแรม |
| Museo | พิพิธภัณฑ์ |
| Ospedale | โรงพยาบาล |
| Osservatorio | หอดูดาว |
| Ostello | ที่พัก |
| Scuola | โรงเรียน |
| Stadio | สนามกีฬา |
| Teatro | โรงละคร |
| Tenda | เต็นท์ |
| Torre | หอคอย |
| Università | มหาวิทยาลัย |

## Energia
### พลังงาน

| | |
|---|---|
| Ambiente | สิ่งแวดล้อม |
| Batteria | แบตเตอรี่ |
| Benzina | น้ำมันเบนซิน |
| Calore | ความร้อน |
| Carbonio | คาร์บอน |
| Carburante | เชื้อเพลิง |
| Diesel | ดีเซล |
| Elettrico | ไฟฟ้า |
| Elettrone | อิเล็กตรอน |
| Entropia | เอนโทรปี |
| Fotone | โฟตอน |
| Idrogeno | ไฮโดรเจน |
| Industria | อุตสาหกรรม |
| Inquinamento | มลพิษ |
| Motore | เครื่องยนต์ |
| Nucleare | นิวเคลียร์ |
| Rinnovabile | ทดแทน |
| Turbina | กังหัน |
| Vapore | ไอน้ำ |
| Vento | ลม |

## Erboristeria
### ยาสมุนไพร

| | |
|---|---|
| Aglio | กระเทียม |
| Aneto | ผักชีลาว |
| Aromatico | หอม |
| Basilico | โหระพา |
| Culinario | การทำอาหาร |
| Dragoncello | ทาร์รากอน |
| Finocchio | เม็ดยี่หร่า |
| Fiore | ดอกไม้ |
| Giardino | สวน |
| Ingrediente | ส่วนผสม |
| Lavanda | ลาเวนเดอร์ |
| Maggiorana | มาร์โจแรม |
| Menta | มินต์ |
| Origano | ออริกาโน่ |
| Prezzemolo | ผักชีฝรั่ง |
| Qualità | คุณภาพ |
| Rosmarino | โรสแมรี่ |
| Timo | ไธม์ |
| Verde | เขียว |
| Zafferano | หญ้าฝรั่น |

## Escursionismo
### เดินป่า

| | |
|---|---|
| Acqua | น้ำ |
| Animali | สัตว์ |
| Clima | ภูมิอากาศ |
| Guide | คำแนะนำ |
| Mappa | แผนที่ |
| Meteo | สภาพอากาศ |
| Montagna | ภูเขา |
| Natura | ธรรมชาติ |
| Orientamento | ปฐมนิเทศ |
| Pericoli | อันตราย |
| Pesante | หนัก |
| Pietre | หิน |
| Preparazione | การตระเตรียม |
| Scogliera | หน้าผา |
| Selvaggio | ป่า |
| Sole | ดวงอาทิตย์ |
| Stanco | เหนื่อย |
| Stivali | รองเท้าบูท |
| Zanzare | ยุง |

## Fantascienza
### นิยายวิทยาศาสตร์

| | |
|---|---|
| Atomico | อะตอม |
| Cinema | โรงภาพยนตร์ |
| Distopia | ดิสโทเปีย |
| Esplosione | การระเบิด |
| Estremo | สุดขีด |
| Fantastico | มหัศจรรย์ |
| Fuoco | ไฟ |
| Futuristico | อนาคต |
| Galassia | กาแลกซี่ |
| Illusione | ภาพลวงตา |
| Immaginario | เพ้อฝัน |
| Libri | หนังสือ |
| Misterioso | ลึกลับ |
| Mondo | โลก |
| Oracolo | สิทธิ์ |
| Pianeta | ดาวเคราะห์ |
| Robot | หุ่นยนต์ |
| Scenario | สถานการณ์ |
| Tecnologia | เทคโนโลยี |
| Utopia | ยูโทเปีย |

## Fattoria #1
### ฟาร์ม #1

| | |
|---|---|
| Acqua | น้ำ |
| Agricoltura | เกษตรกรรม |
| Ape | ผึ้ง |
| Asino | ลา |
| Campo | สนาม |
| Cane | หมา |
| Capra | แพะ |
| Cavallo | ม้า |
| Fertilizzante | ปุ๋ย |
| Fieno | ฟาง |
| Gatto | แมว |
| Gregge | ฝูง |
| Maiale | หมู |
| Miele | น้ำผึ้ง |
| Mucca | วัว |
| Pollo | ไก่ |
| Recinto | รั้ว |
| Riso | ข้าว |
| Semi | เมล็ด |
| Vitello | น่อง |

## Fattoria #2
ฟาร์ม #2

| | |
|---|---|
| Agnello | ลูกแกะ |
| Agricoltore | ชาวนา |
| Alveare | รังผึ้ง |
| Anatra | เป็ด |
| Animali | สัตว์ |
| Cibo | อาหาร |
| Fienile | โรงนา |
| Frutta | ผลไม้ |
| Frutteto | สวนผลไม้ |
| Grano | ข้าวสาลี |
| Irrigazione | ชลประทาน |
| Lama | ลามา |
| Latte | นม |
| Mais | ข้าวโพด |
| Oche | ห่าน |
| Orzo | บาร์เล่ย์ |
| Pastore | คนเลี้ยงแกะ |
| Pecora | แกะ |
| Prato | ทุ่งหญ้า |
| Trattore | รถแทรกเตอร์ |

## Filantropia
การกุศล

| | |
|---|---|
| Bisogno | ต้องการ |
| Carità | การกุศล |
| Comunità | ชุมชน |
| Contatti | ติดต่อ |
| Donare | บริจาค |
| Finanza | การเงิน |
| Fondi | กองทุน |
| Generosità | ความเอื้ออาทร |
| Gioventù | เยาวชน |
| Globale | ทั่วโลก |
| Gruppi | กลุ่ม |
| Missione | ภารกิจ |
| Obiettivi | เป้าหมาย |
| Onestà | ความซื่อสัตย์ |
| Persone | ผู้คน |
| Programmi | โปรแกรม |
| Pubblico | สาธารณะ |
| Sfide | ความท้าทาย |
| Storia | ประวัติศาสตร์ |
| Umanità | มนุษยชาติ |

## Fiori
ดอกไม้

| | |
|---|---|
| Calendula | ดาวเรือง |
| Dente di Leone | แดนดิไลออน |
| Gardenia | พุด |
| Gelsomino | มะลิ |
| Giglio | ลิลลี่ |
| Girasole | ดอกทานตะวัน |
| Ibisco | ชบา |
| Lavanda | ลาเวนเดอร์ |
| Lilla | ม่วง |
| Magnolia | แมกโนเลีย |
| Margherita | เดซี่ |
| Mazzo | ช่อดอกไม้ |
| Orchidea | กล้วยไม้ |
| Papavero | ป๊อปปี้ |
| Passiflora | เสาวรส |
| Peonia | โบตั๋น |
| Petalo | กลีบ |
| Rosa | กุหลาบ |
| Trifoglio | โคลเวอร์ |
| Tulipano | ทิวลิป |

## Fisica
ฟิสิกส์

| | |
|---|---|
| Atomo | อะตอม |
| Caos | ความวุ่นวาย |
| Chimico | เคมี |
| Densità | ความหนาแน่น |
| Elettrone | อิเล็กตรอน |
| Espansione | การขยายตัว |
| Formula | สูตร |
| Frequenza | ความถี่ |
| Gas | แก๊ส |
| Gravità | แรงโน้มถ่วง |
| Magnetismo | แม่เหล็ก |
| Meccanica | กลศาสตร์ |
| Molecola | โมเลกุล |
| Motore | เครื่องยนต์ |
| Nucleare | นิวเคลียร์ |
| Particella | อนุภาค |
| Relatività | สัมพัทธภาพ |
| Universale | สากล |
| Variabile | ตัวแปร |
| Velocità | ความเร็ว |

## Forniture Artistiche
อุปกรณ์ศิลปะ

| | |
|---|---|
| Acqua | น้ำ |
| Acquerelli | สีน้ำ |
| Acrilico | อะคริลิค |
| Argilla | เคลย์ |
| Carbone | ถ่าน |
| Carta | กระดาษ |
| Cavalletto | ขาตั้ง |
| Colla | กาว |
| Colori | สี |
| Gomma | ยางลบ |
| Idee | ไอเดีย |
| Inchiostro | หมึก |
| Matite | ดินสอ |
| Olio | น้ำมัน |
| Pastelli | พาส |
| Sedia | เก้าอี้ |
| Spazzole | แปรง |
| Tavolo | โต๊ะ |
| Telecamera | กล้อง |

## Forza e Gravità
แรงและแรงโน้มถ่วง

| | |
|---|---|
| Asse | แกน |
| Attrito | แรงเสียดทาน |
| Centro | ศูนย์กลาง |
| Dinamico | พลวัต |
| Distanza | ระยะทาง |
| Espansione | การขยายตัว |
| Fisica | ฟิสิกส์ |
| Impatto | ผลกระทบ |
| Magnetismo | แม่เหล็ก |
| Meccanica | กลศาสตร์ |
| Movimento | การเคลื่อนไหว |
| Orbita | วงโคจร |
| Peso | น้ำหนัก |
| Pressione | ความดัน |
| Proprietà | คุณสมบัติ |
| Scoperta | การค้นพบ |
| Slancio | โมเมนตัม |
| Tempo | เวลา |
| Universale | สากล |
| Velocità | ความเร็ว |

## *Frutta*
## ผลไม้

| | |
|---|---|
| **Albicocca** | แอปริคอท |
| **Ananas** | สัปปะรด |
| **Arancia** | ส้ม |
| **Avocado** | อาโวคาโด |
| **Bacca** | เบอร์รี่ |
| **Banana** | กล้วย |
| **Ciliegia** | เชอร์รี่ |
| **Kiwi** | กีวี่ |
| **Lampone** | ราสเบอร์รี่ |
| **Limone** | มะนาว |
| **Mango** | มะม่วง |
| **Mela** | แอปเปิ้ล |
| **Melone** | เมลอน |
| **Mora** | แบล็กเบอร์รี่ |
| **Nettarina** | เนคทารีน |
| **Papaia** | มะละกอ |
| **Pera** | ลูกแพร์ |
| **Pesca** | พีช |
| **Prugna** | พลัม |
| **Uva** | องุ่น |

## *Geografia*
## ภูมิศาสตร์

| | |
|---|---|
| **Altitudine** | ระดับความสูง |
| **Atlante** | แอตลาส |
| **Città** | เมือง |
| **Continente** | ทวีป |
| **Emisfero** | ซีกโลก |
| **Fiume** | แม่น้ำ |
| **Isola** | เกาะ |
| **Latitudine** | ละติจูด |
| **Longitudine** | เส้นแวง |
| **Mappa** | แผนที่ |
| **Mare** | ทะเล |
| **Meridiano** | เมอริเดียน |
| **Mondo** | โลก |
| **Montagna** | ภูเขา |
| **Nord** | ทิศเหนือ |
| **Ovest** | ตะวันตก |
| **Paese** | ประเทศ |
| **Regione** | ภาค |
| **Sud** | ใต้ |
| **Territorio** | อาณาเขต |

## *Geologia*
## ธรณีวิทยา

| | |
|---|---|
| **Acido** | กรด |
| **Altopiano** | ที่ราบสูง |
| **Calcio** | แคลเซียม |
| **Caverna** | ถ้ำ |
| **Continente** | ทวีป |
| **Corallo** | ปะการัง |
| **Cristalli** | คริสตัล |
| **Erosione** | ร่อน |
| **Fossile** | ฟอสซิล |
| **Geyser** | ไกเซอร์ |
| **Lava** | ลาวา |
| **Minerali** | แร่ธาตุ |
| **Pietra** | หิน |
| **Quarzo** | ควอทซ์ |
| **Sale** | เกลือ |
| **Stalagmiti** | หินงอก |
| **Stalattite** | หินย้อย |
| **Strato** | ชั้น |
| **Terremoto** | แผ่นดินไหว |
| **Vulcano** | ภูเขาไฟ |

## *Geometria*
## รูปทรงเรขาคณิต

| | |
|---|---|
| **Altezza** | ความสูง |
| **Angolo** | มุม |
| **Calcolo** | การคำนวณ |
| **Cerchio** | วงกลม |
| **Curva** | เส้นโค้ง |
| **Dimensione** | มิติ |
| **Equazione** | สมการ |
| **Logica** | ตรรกะ |
| **Mediano** | มัธยฐาน |
| **Numero** | ตัวเลข |
| **Orizzontale** | แนวนอน |
| **Parallelo** | ขนาน |
| **Proporzione** | สัดส่วน |
| **Rotazione** | การหมุน |
| **Segmento** | ส่วน |
| **Simmetria** | สมมาตร |
| **Superficie** | พื้นผิว |
| **Teoria** | ทฤษฎี |
| **Triangolo** | สามเหลี่ยม |
| **Verticale** | แนวตั้ง |

## *Giardino*
## สวนหย่อม

| | |
|---|---|
| **Albero** | ต้นไม้ |
| **Amaca** | เปลญวน |
| **Cespuglio** | บุช |
| **Erba** | หญ้า |
| **Erbacce** | วัชพืช |
| **Fiore** | ดอกไม้ |
| **Frutteto** | สวนผลไม้ |
| **Garage** | โรงรถ |
| **Giardino** | สวน |
| **Pala** | พลั่ว |
| **Panca** | ม้านั่ง |
| **Portico** | ระเบียง |
| **Prato** | สนามหญ้า |
| **Rastrello** | คราด |
| **Recinto** | รั้ว |
| **Stagno** | บ่อน้ำ |
| **Suolo** | ดิน |
| **Terrazza** | ชานบ้าน |
| **Trampolino** | แทรมโพลีน |
| **Tubo** | ท่อ |

## *Giorni e Mesi*
## วันและเดือน

| | |
|---|---|
| **Agosto** | สิงหาคม |
| **Anno** | ปี |
| **Aprile** | เมษายน |
| **Calendario** | ปฏิทิน |
| **Dicembre** | ธันวาคม |
| **Domenica** | วันอาทิตย์ |
| **Febbraio** | กุมภาพันธ์ |
| **Gennaio** | มกราคม |
| **Giugno** | มิถุนายน |
| **Luglio** | กรกฎาคม |
| **Lunedì** | วันจันทร์ |
| **Martedì** | วันอังคาร |
| **Mercoledì** | วันพุธ |
| **Mese** | เดือน |
| **Novembre** | พฤศจิกายน |
| **Ottobre** | ตุลาคม |
| **Sabato** | วันเสาร์ |
| **Settembre** | กันยายน |
| **Settimana** | สัปดาห์ |
| **Venerdì** | วันศุกร์ |

## Governo
รัฐบาล

| | |
|---|---|
| Capo | หัวหน้า |
| Civile | พลเรือน |
| Costituzione | รัฐธรรมนูญ |
| Democrazia | ประชาธิปไตย |
| Diritti | สิทธิ |
| Discorso | คำพูด |
| Discussione | อย่าง |
| Giudiziario | ตุลาการ |
| Giustizia | ความยุติธรรม |
| Indipendenza | อิสระ |
| Legge | กฎหมาย |
| Libertà | เสรีภาพ |
| Monumento | อนุสาวรีย์ |
| Nazionale | ระดับชาติ |
| Nazione | ประเทศ |
| Politica | การเมือง |
| Quartiere | เขต |
| Simbolo | สัญลักษณ์ |
| Stato | รัฐ |
| Uguaglianza | ความเสมอภาค |

## Guida
การขับรถ

| | |
|---|---|
| Auto | รถ |
| Autobus | รถเมล์ |
| Carburante | เชื้อเพลิง |
| Freni | เบรค |
| Garage | โรงรถ |
| Gas | แก๊ส |
| Incidente | อุบัติเหตุ |
| Licenza | ใบอนุญาต |
| Mappa | แผนที่ |
| Moto | รถจักรยานยนต์ |
| Motore | เครื่องยนต์ |
| Pedonale | คนเดินเท้า |
| Pericolo | อันตราย |
| Polizia | ตำรวจ |
| Sicurezza | ความปลอดภัย |
| Strada | ถนน |
| Traffico | การจราจร |
| Trasporto | การขนส่ง |
| Tunnel | อุโมงค์ |
| Velocità | ความเร็ว |

## I Media
สื่อมวลชน

| | |
|---|---|
| Atteggiamenti | ทัศนคติ |
| Commerciale | โฆษณา |
| Comunicazione | การสื่อสาร |
| Digitale | ดิจิทัล |
| Edizione | ฉบับ |
| Educazione | การศึกษา |
| Fatti | ข้อเท็จจริง |
| Finanziamento | ทุน |
| Foto | ภาพถ่าย |
| Giornali | หนังสือพิมพ์ |
| Individuale | รายบุคคล |
| Industria | อุตสาหกรรม |
| Intellettuale | สติปัญญา |
| Locale | ท้องถิ่น |
| Online | ออนไลน์ |
| Opinione | ความเห็น |
| Pubblico | สาธารณะ |
| Radio | วิทยุ |
| Rete | เครือข่าย |
| Televisione | โทรทัศน์ |

## Imbarcazioni
เรือ

| | |
|---|---|
| Albero | เสา |
| Ancora | สมอ |
| Barca a Vela | เรือใบ |
| Boa | ทุ่น |
| Canoa | แคนู |
| Corda | เชือก |
| Dock | ท่าเรือ |
| Equipaggio | ลูกเรือ |
| Fiume | แม่น้ำ |
| Kayak | คายัค |
| Lago | ทะเลสาบ |
| Mare | ทะเล |
| Marinaio | กะลาสี |
| Motore | เครื่องยนต์ |
| Oceano | มหาสมุทร |
| Onde | คลื่น |
| Traghetto | เรือข้ามฟาก |
| Yacht | เรือยอชท์ |
| Zattera | แพ |

## Ingegneria
วิศวกรรม

| | |
|---|---|
| Angolo | มุม |
| Asse | แกน |
| Calcolo | การคำนวณ |
| Costruzione | การก่อสร้าง |
| Diagramma | แผนภาพ |
| Diesel | ดีเซล |
| Distribuzione | การกระจาย |
| Energia | พลังงาน |
| Forza | แรง |
| Ingranaggi | เกียร์ |
| Leve | คันโยก |
| Liquido | ของเหลว |
| Macchina | เครื่องจักร |
| Misurazione | การวัด |
| Motore | เครื่องยนต์ |
| Profondità | ความลึก |
| Propulsione | แรงขับ |
| Rotazione | การหมุน |
| Stabilità | ความมั่นคง |
| Struttura | โครงสร้าง |

## Insetti
แมลง

| | |
|---|---|
| Afide | เพลี้ย |
| Ape | ผึ้ง |
| Calabrone | แตน |
| Cavalletta | ตั๊กแตน |
| Cicala | จักจั่น |
| Coccinella | เต่าทอง |
| Coleottero | ด้วง |
| Falena | มอด |
| Farfalla | ผีเสื้อ |
| Formica | มด |
| Larva | ตัวอ่อน |
| Libellula | แมลงปอ |
| Locusta | ปาทังกา |
| Mantide | กงแตนแตน |
| Pulce | เห็บ |
| Scarafaggio | แมลงสาบ |
| Termite | ปลวก |
| Verme | หนอน |
| Vespa | ต่อ |
| Zanzara | ยุง |

## *Jazz*
### แจ๊ส

| | |
|---|---|
| **Album** | อัลบั้ม |
| **Applauso** | เสียงปรบมือ |
| **Artista** | ศิลปิน |
| **Canzone** | เพลง |
| **Compositore** | นักแต่งเพลง |
| **Composizione** | ส่วนประกอบ |
| **Concerto** | คอนเสิร์ต |
| **Enfasi** | ความสำคัญ |
| **Famoso** | มีชื่อเสียง |
| **Genere** | ประเภท |
| **Improvvisazione** | ปฏิภาณโวหาร |
| **Musica** | ดนตรี |
| **Nuovo** | ใหม่ |
| **Orchestra** | วงดนตรี |
| **Preferiti** | รายการโปรด |
| **Ritmo** | จังหวะ |
| **Stile** | รูปแบบ |
| **Talento** | พรสวรรค์ |
| **Tecnica** | เทคนิค |
| **Vecchio** | แก่ |

## *L'Azienda*
### บริษัท

| | |
|---|---|
| **Creativo** | สร้างสรรค์ |
| **Decisione** | การตัดสินใจ |
| **Globale** | ทั่วโลก |
| **Industria** | อุตสาหกรรม |
| **Innovativo** | นวัตกรรม |
| **Investimento** | การลงทุน |
| **Occupazione** | การจ้างงาน |
| **Possibilità** | ความเป็นไปได้ |
| **Presentazione** | การนำเสนอ |
| **Prodotto** | ผลิตภัณฑ์ |
| **Professionale** | มืออาชีพ |
| **Progresso** | ความคืบหน้า |
| **Qualità** | คุณภาพ |
| **Reddito** | รายได้ |
| **Reputazione** | ชื่อเสียง |
| **Rischi** | ความเสี่ยง |
| **Risorse** | ทรัพยากร |
| **Salari** | ค่าจ้าง |
| **Unità** | หน่วย |

## *Letteratura*
### วรรณกรรม

| | |
|---|---|
| **Analisi** | การวิเคราะห์ |
| **Analogia** | อะนาล็อก |
| **Autore** | ผู้เขียน |
| **Biografia** | ชีวประวัติ |
| **Conclusione** | บทสรุป |
| **Critica** | บทวิจารณ์ |
| **Descrizione** | ลักษณะ |
| **Dialogo** | บทพูด |
| **Genere** | ประเภท |
| **Metafora** | คำอุปมา |
| **Narratore** | ผู้บรรยาย |
| **Opinione** | ความเห็น |
| **Poesia** | กลอน |
| **Poetico** | บทกวี |
| **Rima** | สัมผัส |
| **Ritmo** | จังหวะ |
| **Romanzo** | นิยาย |
| **Stile** | รูปแบบ |
| **Tema** | ธีม |
| **Tragedia** | โศกนาฏกรรม |

## *Libri*
### หนังสือ

| | |
|---|---|
| **Autore** | ผู้เขียน |
| **Avventura** | การผจญภัย |
| **Carattere** | อักขระ |
| **Collezione** | ชุด |
| **Contesto** | บริบท |
| **Dualità** | ความเป็นคู่ |
| **Epico** | มหากาพย์ |
| **Inventivo** | ประดิษฐ์ |
| **Letterario** | วรรณกรรม |
| **Lettore** | ผู้อ่าน |
| **Narratore** | ผู้บรรยาย |
| **Pagina** | หน้า |
| **Poesia** | บทกวี |
| **Rilevante** | ที่เกี่ยวข้อง |
| **Romanzo** | นิยาย |
| **Scritto** | เขียน |
| **Storia** | เรื่องราว |
| **Storico** | ประวัติศาสตร์ |
| **Tragico** | อนาถ |
| **Umoristico** | ตลก |

## *Malattia*
### โรค

| | |
|---|---|
| **Addominale** | ท้อง |
| **Allergie** | ภูมิแพ้ |
| **Batterico** | แบคทีเรีย |
| **Contagioso** | โรคติดต่อ |
| **Corpo** | ร่างกาย |
| **Cronico** | เรื้อรัง |
| **Cuore** | หัวใจ |
| **Debole** | อ่อนแอ |
| **Ereditario** | กรรมพันธุ์ |
| **Genetico** | ทางพันธุกรรม |
| **Immunità** | ภูมิคุ้มกัน |
| **Infiammazione** | การอักเสบ |
| **Lombare** | ลุมบาร์ |
| **Neuropatia** | โรคประสาท |
| **Patogeni** | เชื้อโรค |
| **Polmonare** | เกี่ยวกับปอด |
| **Respiratorio** | หายใจ |
| **Salute** | สุขภาพ |
| **Sindrome** | ซินโดรม |
| **Terapia** | การบำบัด |

## *Mammiferi*
### สัตว์เลี้ยงลูกด้วยนม

| | |
|---|---|
| **Balena** | วาฬ |
| **Cane** | หมา |
| **Canguro** | จิงโจ้ |
| **Cavallo** | ม้า |
| **Cervo** | กวาง |
| **Coniglio** | กระต่าย |
| **Coyote** | โคโยตี้ |
| **Delfino** | ปลาโลมา |
| **Elefante** | ช้าง |
| **Gatto** | แมว |
| **Giraffa** | ยีราฟ |
| **Gorilla** | กอริลลา |
| **Leone** | สิงโต |
| **Lupo** | หมาป่า |
| **Orso** | หมี |
| **Pecora** | แกะ |
| **Scimmia** | ลิง |
| **Toro** | โค |
| **Volpe** | ฟ็อกซ์ |
| **Zebra** | ม้าลาย |

## *Matematica*
คณิตศาสตร์

| | |
|---|---|
| **Angoli** | มุม |
| **Aritmetica** | เลขคณิต |
| **Circonferenza** | เส้นรอบวง |
| **Decimale** | ทศนิยม |
| **Divisione** | แผนก |
| **Equazione** | สมการ |
| **Esponente** | ตัวแทน |
| **Frazione** | เศษส่วน |
| **Geometria** | เรขาคณิต |
| **Gradi** | องศา |
| **Numeri** | หมายเลข |
| **Parallelo** | ขนาน |
| **Perimetro** | ขอบ |
| **Perpendicolare** | ตั้งฉาก |
| **Raggio** | รัศมี |
| **Simmetria** | สมมาตร |
| **Somma** | รวม |
| **Triangolo** | สามเหลี่ยม |
| **Volume** | ระดับเสียง |

## *Meditazione*
การทำสมาธิ

| | |
|---|---|
| **Accettazione** | การยอมรับ |
| **Attenzione** | ความสนใจ |
| **Calma** | สงบ |
| **Chiarezza** | ความชัดเจน |
| **Emozioni** | อารมณ์ |
| **Felicità** | ความสุข |
| **Gentilezza** | ความเมตตา |
| **Gratitudine** | ความกตัญญู |
| **Mentale** | จิต |
| **Mente** | ใจ |
| **Movimento** | การเคลื่อนไหว |
| **Musica** | ดนตรี |
| **Natura** | ธรรมชาติ |
| **Osservazione** | การสังเกต |
| **Pace** | สันติภาพ |
| **Pensieri** | ความคิด |
| **Postura** | ท่าทาง |
| **Prospettiva** | มุมมอง |
| **Respirazione** | การหายใจ |
| **Silenzio** | ความเงียบ |

## *Meteo*
สภาพอากาศ

| | |
|---|---|
| **Arcobaleno** | สายรุ้ง |
| **Asciutto** | แห้ง |
| **Atmosfera** | บรรยากาศ |
| **Brezza** | บรีซ |
| **Cielo** | ท้องฟ้า |
| **Clima** | สภาพอากาศ |
| **Fulmine** | ฟ้าผ่า |
| **Ghiaccio** | น้ำแข็ง |
| **Monsone** | มรสุม |
| **Nebbia** | หมอก |
| **Nube** | คลาวด์ |
| **Polare** | โพลาร์ |
| **Siccità** | แล้ง |
| **Temperatura** | อุณหภูมิ |
| **Tempesta** | พายุ |
| **Tornado** | พายุทอร์นาโด |
| **Tropicale** | เขตร้อน |
| **Tuono** | ฟ้าร้อง |
| **Uragano** | พายุเฮอริเคน |
| **Vento** | ลม |

## *Misurazioni*
การวัด

| | |
|---|---|
| **Altezza** | ความสูง |
| **Byte** | ไบต์ |
| **Centimetro** | เซนติเมตร |
| **Chilogrammo** | กิโลกรัม |
| **Chilometro** | กิโลเมตร |
| **Decimale** | ทศนิยม |
| **Grado** | องศา |
| **Grammo** | กรัม |
| **Larghezza** | ความกว้าง |
| **Litro** | ลิตร |
| **Lunghezza** | ความยาว |
| **Massa** | มวล |
| **Metro** | เมตร |
| **Minuto** | นาที |
| **Oncia** | ออนซ์ |
| **Peso** | น้ำหนัก |
| **Pollice** | นิ้ว |
| **Profondità** | ความลึก |
| **Tonnellata** | ตัน |
| **Volume** | ระดับเสียง |

## *Mitologia*
ตำนานเทพนิยาย

| | |
|---|---|
| **Archetipo** | ต้นแบบ |
| **Comportamento** | พฤติกรรม |
| **Creatura** | สิ่งมีชีวิต |
| **Creazione** | การสร้าง |
| **Cultura** | วัฒนธรรม |
| **Disastro** | ภัยพิบัติ |
| **Divinità** | เทพ |
| **Eroe** | ฮีโร่ |
| **Forza** | แรง |
| **Fulmine** | ฟ้าผ่า |
| **Gelosia** | ความหึงหวง |
| **Guerriero** | นักรบ |
| **Immortalità** | อมตภาพ |
| **Labirinto** | เขาวงกต |
| **Leggenda** | ตำนาน |
| **Magico** | วิเศษ |
| **Mortale** | ยแร |
| **Mostro** | สัตว์ประหลาด |
| **Tuono** | ฟ้าร้อง |
| **Vendetta** | แก้แค้น |

## *Musica*
ดนตรี

| | |
|---|---|
| **Album** | อัลบั้ม |
| **Armonia** | ความสามัคคี |
| **Ballata** | บัลลาด |
| **Cantante** | นักร้อง |
| **Cantare** | ร้องเพลง |
| **Classico** | คลาสสิก |
| **Eclettico** | ผสมผสาน |
| **Improvvisare** | โอ๊ะโอ |
| **Lirico** | ลีริคัล |
| **Melodia** | ทำนอง |
| **Microfono** | ไมโครโฟน |
| **Musicale** | ดนตรี |
| **Musicista** | นักดนตรี |
| **Opera** | โอเปร่า |
| **Poetico** | บทกวี |
| **Registrazione** | การบันทึก |
| **Ritmico** | เป็นจังหวะ |
| **Ritmo** | จังหวะ |
| **Strumento** | ตราสาร |

## Natura
ธรรมชาติ

| | |
|---|---|
| Animali | สัตว์ |
| Api | ผึ้ง |
| Artico | อาร์กติก |
| Bellezza | ความงาม |
| Deserto | ทะเลทราย |
| Dinamico | พลวัต |
| Erosione | ร่อน |
| Fiume | แม่น้ำ |
| Fogliame | ใบไม้ |
| Foresta | ป่า |
| Ghiacciaio | ธารน้ำแข็ง |
| Montagne | ภูเขา |
| Nebbia | หมอก |
| Nuvole | เมฆ |
| Rifugio | ที่หลบภัย |
| Scogliere | หน้าผา |
| Sereno | นิ่ง |
| Tropicale | เขตร้อน |
| Vitale | สำคัญมาก |

## Numeri
ตัวเลข

| | |
|---|---|
| Cinque | ห้า |
| Decimale | ทศนิยม |
| Diciannove | สิบเก้า |
| Diciassette | สิบเจ็ด |
| Diciotto | สิบแปด |
| Dieci | สิบ |
| Dodici | สิบสอง |
| Due | สอง |
| Nove | เก้า |
| Otto | แปด |
| Quattordici | สิบสี่ |
| Quattro | สี่ |
| Quindici | สิบห้า |
| Sedici | สิบหก |
| Sei | หก |
| Sette | เจ็ด |
| Tre | สาม |
| Tredici | สิบสาม |
| Venti | ยี่สิบ |
| Zero | ศูนย์ |

## Nutrizione
โภชนาการ

| | |
|---|---|
| Amaro | ขม |
| Appetito | ความกระหาย |
| Bilanciato | สมดุล |
| Calorie | แคลอรี่ |
| Carboidrati | คาร์โบไฮเดรต |
| Commestibile | กินได้ |
| Dieta | อาหาร |
| Digestione | การย่อย |
| Fermentazione | การหมัก |
| Liquidi | ของเหลว |
| Nutriente | สารอาหาร |
| Peso | น้ำหนัก |
| Proteine | โปรตีน |
| Qualità | คุณภาพ |
| Salsa | ซอส |
| Salute | สุขภาพ |
| Sano | แข็งแรง |
| Spezie | เครื่องเทศ |
| Tossina | พิษ |
| Vitamina | วิตามิน |

## Oceano
มหาสมุทร

| | |
|---|---|
| Anguilla | ปลาไหล |
| Balena | วาฬ |
| Barca | เรือ |
| Corallo | ปะการัง |
| Delfino | ปลาโลมา |
| Gamberetto | กุ้ง |
| Granchio | ปู |
| Maree | น้ำขึ้นน้ำลง |
| Medusa | แมงกะพรุน |
| Onde | คลื่น |
| Ostrica | หอยนางรม |
| Pesce | ปลา |
| Polpo | ปลาหมึกยักษ์ |
| Sale | เกลือ |
| Scogliera | รีฟ |
| Spugna | ฟองน้ำ |
| Squalo | ฉลาม |
| Tartaruga | เต่า |
| Tempesta | พายุ |
| Tonno | ทูน่า |

## Paesaggi
ทิวทัศน์

| | |
|---|---|
| Cascata | น้ำตก |
| Collina | เนินเขา |
| Deserto | ทะเลทราย |
| Fiume | แม่น้ำ |
| Geyser | ไกเซอร์ |
| Ghiacciaio | ธารน้ำแข็ง |
| Grotta | ถ้ำ |
| Iceberg | ภูเขาน้ำแข็ง |
| Isola | เกาะ |
| Lago | ทะเลสาบ |
| Mare | ทะเล |
| Montagna | ภูเขา |
| Oasi | โอเอซิส |
| Oceano | มหาสมุทร |
| Palude | บึง |
| Penisola | คาบสมุทร |
| Spiaggia | ชายหาด |
| Tundra | ทุนดรา |
| Valle | หุบเขา |
| Vulcano | ภูเขาไฟ |

## Paesi #1
ประเทศ #1

| | |
|---|---|
| Brasile | บราซิล |
| Cambogia | กัมพูชา |
| Canada | แคนาดา |
| Egitto | อียิปต์ |
| Finlandia | ฟินแลนด์ |
| Germania | เยอรมนี |
| India | อินเดีย |
| Iraq | อิรัก |
| Israele | อิสราเอล |
| Libia | ลิเบีย |
| Mali | มาลี |
| Marocco | โมร็อคโค |
| Norvegia | นอร์เวย์ |
| Panama | ปานามา |
| Polonia | โปแลนด์ |
| Romania | โรมาเนีย |
| Senegal | เซเนกัล |
| Spagna | สเปน |
| Venezuela | เวเนซุเอลา |
| Vietnam | เวียดนาม |

## Paesi #2
ประเทศ #2

| Albania | แอลเบเนีย |
|---|---|
| Danimarca | เดนมาร์ก |
| Etiopia | เอธิโอเปีย |
| Giamaica | จาไมก้า |
| Giappone | ญี่ปุ่น |
| Grecia | กรีซ |
| Haiti | เฮติ |
| Indonesia | อินโดนีเซีย |
| Irlanda | ไอร์แลนด์ |
| Laos | ลาว |
| Liberia | ไลบีเรีย |
| Messico | เม็กซิโก |
| Nepal | เนปาล |
| Nigeria | ไนจีเรีย |
| Pakistan | ปากีสถาน |
| Russia | รัสเซีย |
| Siria | ซีเรีย |
| Sudan | ซูดาน |
| Ucraina | ยูเครน |
| Uganda | ยูกันดา |

## Piante
พืช

| Albero | ต้นไม้ |
|---|---|
| Bacca | เบอร์รี่ |
| Bambù | ไม้ไผ่ |
| Botanica | พฤกษศาสตร์ |
| Cactus | กระบองเพชร |
| Cespuglio | บุช |
| Crescere | เติบโต |
| Edera | ไอวี่ |
| Erba | หญ้า |
| Fagiolo | ถั่ว |
| Fertilizzante | ปุ๋ย |
| Fiore | ดอกไม้ |
| Flora | ฟลอรา |
| Fogliame | ใบไม้ |
| Foresta | ป่า |
| Giardino | สวน |
| Muschio | มอสส์ |
| Petalo | กลีบ |
| Radice | ราก |
| Vegetazione | พืช |

## Professioni #1
วิชาชีพ #1

| Allenatore | โค้ช |
|---|---|
| Ambasciatore | เอกอัครราชทูต |
| Artista | ศิลปิน |
| Astronomo | นักดาราศาสตร์ |
| Avvocato | ทนายความ |
| Ballerino | นักเต้น |
| Banchiere | นายธนาคาร |
| Cacciatore | ฮันเตอร์ |
| Editore | บรรณาธิการ |
| Farmacista | เภสัชกร |
| Geologo | นักธรณีวิทยา |
| Gioielliere | อัญมณี |
| Idraulico | ช่างประปา |
| Infermiera | พยาบาล |
| Marinaio | กะลาสี |
| Medico | หมอ |
| Musicista | นักดนตรี |
| Pianista | นักเปียโน |
| Psicologo | นักจิตวิทยา |
| Veterinario | สัตวแพทย์ |

## Professioni #2
วิชาชีพ #2

| Astronauta | นักบินอวกาศ |
|---|---|
| Bibliotecario | บรรณารักษ์ |
| Biologo | นักชีววิทยา |
| Chirurgo | ศัลยแพทย์ |
| Dentista | ทันตแพทย์ |
| Detective | นักสืบ |
| Filosofo | นักปรัชญา |
| Fotografo | ช่างภาพ |
| Giardiniere | คนสวน |
| Giornalista | นักข่าว |
| Ingegnere | วิศวกร |
| Insegnante | ครู |
| Inventore | นักประดิษฐ์ |
| Investigatore | ผู้สอบสวน |
| Linguista | นักภาษาศาสตร์ |
| Medico | แพทย์ |
| Pilota | นักบิน |
| Pittore | จิตรกร |
| Ricercatore | นักวิจัย |
| Zoologo | นักสัตววิทยา |

## Psicologia
จิตวิทยา

| Appuntamento | การนัดหมาย |
|---|---|
| Clinico | คลินิก |
| Comportamento | พฤติกรรม |
| Conflitto | ความขัดแย้ง |
| Ego | อัตตา |
| Emozioni | อารมณ์ |
| Esperienze | ประสบการณ์ |
| Idee | ไอเดีย |
| Inconscio | หมดสติ |
| Infanzia | วัยเด็ก |
| Influenze | อิทธิพล |
| Pensieri | ความคิด |
| Percezione | การรับรู้ |
| Personalità | บุคลิกภาพ |
| Problema | ปัญหา |
| Realtà | ความเป็นจริง |
| Sogni | ความฝัน |
| Subconscio | จิตใต้สำนึก |
| Terapia | การบำบัด |
| Valutazione | การประเมิน |

## Riscaldamento Globale
ภาวะโลกร้อน

| Artico | อาร์กติก |
|---|---|
| Attenzione | ความสนใจ |
| Clima | ภูมิอากาศ |
| Conseguenze | ผลที่ตามมา |
| Crisi | วิกฤติ |
| Dati | ข้อมูล |
| Energia | พลังงาน |
| Futuro | อนาคต |
| Gas | แก๊ส |
| Generazioni | รุ่น |
| Governo | รัฐบาล |
| Industria | อุตสาหกรรม |
| Internazionale | ระหว่างประเทศ |
| Legislazione | กฎหมาย |
| Ora | ตอนนี้ |
| Popolazioni | ประชากร |
| Significativo | สำคัญ |
| Sviluppo | การพัฒนา |
| Temperature | อุณหภูมิ |
| Umani | มนุษย์ |

## Ristorante #1
ร้านอาหาร #1

| | |
|---|---|
| **Allergia** | ภูมิแพ้ |
| **Caffè** | กาแฟ |
| **Cameriera** | พนักงานเสิร์ฟ |
| **Carne** | เนื้อ |
| **Cassiere** | แคชเชียร์ |
| **Cibo** | อาหาร |
| **Ciotola** | ชาม |
| **Coltello** | มีด |
| **Cucina** | ครัว |
| **Dessert** | ขนม |
| **Ingredienti** | ส่วนผสม |
| **Mangiare** | กิน |
| **Menù** | เมนู |
| **Pane** | ขนมปัง |
| **Piatto** | จาน |
| **Piccante** | เผ็ด |
| **Pollo** | ไก่ |
| **Prenotazione** | การจอง |
| **Salsa** | ซอส |
| **Tovagliolo** | ผ้าเช็ดปาก |

## Ristorante #2
ร้านอาหาร #2

| | |
|---|---|
| **Acqua** | น้ำ |
| **Bevanda** | เครื่องดื่ม |
| **Cameriere** | บริกร |
| **Cena** | อาหารเย็น |
| **Cucchiaio** | ช้อน |
| **Delizioso** | อร่อย |
| **Forchetta** | ส้อม |
| **Frutta** | ผลไม้ |
| **Ghiaccio** | น้ำแข็ง |
| **Insalata** | สลัด |
| **Minestra** | ซุป |
| **Pesce** | ปลา |
| **Pranzo** | อาหารกลางวัน |
| **Sale** | เกลือ |
| **Sedia** | เก้าอี้ |
| **Spezie** | เครื่องเทศ |
| **Torta** | เค้ก |
| **Uova** | ไข่ |
| **Verdure** | ผัก |

## Salute e Benessere #1
สุขภาพและสุขภาพ #1

| | |
|---|---|
| **Abitudine** | นิสัย |
| **Altezza** | ความสูง |
| **Attivo** | คล่องแคล่ว |
| **Batteri** | แบคทีเรีย |
| **Clinica** | คลินิก |
| **Fame** | ความหิว |
| **Farmacia** | ร้านขายยา |
| **Frattura** | แตกหัก |
| **Medicina** | ยา |
| **Medico** | หมอ |
| **Muscoli** | กล้ามเนื้อ |
| **Nervi** | เส้นประสาท |
| **Ormoni** | ฮอร์โมน |
| **Pelle** | ผิว |
| **Postura** | ท่าทาง |
| **Riflesso** | สะท้อน |
| **Rilassamento** | ผ่อนคลาย |
| **Terapia** | การบำบัด |
| **Trattamento** | การรักษา |
| **Virus** | ไวรัส |

## Salute e Benessere #2
สุขภาพและสุขภาพ #2

| | |
|---|---|
| **Allergia** | ภูมิแพ้ |
| **Appetito** | ความกระหาย |
| **Caloria** | แคลอรี่ |
| **Corpo** | ร่างกาย |
| **Dieta** | อาหาร |
| **Digestione** | การย่อย |
| **Disidratazione** | การคายน้ำ |
| **Energia** | พลังงาน |
| **Genetica** | พันธุศาสตร์ |
| **Igiene** | สุขอนามัย |
| **Infezione** | การติดเชื้อ |
| **Malattia** | โรค |
| **Massaggio** | นวด |
| **Nutrizione** | โภชนาการ |
| **Ospedale** | โรงพยาบาล |
| **Peso** | น้ำหนัก |
| **Recupero** | การกู้คืน |
| **Sangue** | เลือด |
| **Sano** | แข็งแรง |
| **Vitamina** | วิตามิน |

## Scacchi
หมากรุก

| | |
|---|---|
| **Avversario** | คู่แข่ง |
| **Bianco** | ขาว |
| **Campione** | แชมป์ |
| **Diagonale** | เส้นทแยงมุม |
| **Giocatore** | ผู้เล่น |
| **Gioco** | เกม |
| **Intelligente** | ฉลาด |
| **Nero** | สีดำ |
| **Passivo** | รู |
| **Per Imparare** | เรียนรู้ |
| **Punti** | คะแนน |
| **Re** | กษัตริย์ |
| **Regina** | ควีน |
| **Regole** | กฎ |
| **Sacrificio** | อุทิศ |
| **Sfide** | ความท้าทาย |
| **Strategia** | กลยุทธ์ |
| **Tempo** | เวลา |
| **Torneo** | การแข่งขัน |

## Scienza
วิทยาศาสตร์

| | |
|---|---|
| **Atomo** | อะตอม |
| **Chimico** | เคมี |
| **Clima** | ภูมิอากาศ |
| **Dati** | ข้อมูล |
| **Esperimento** | การทดลอง |
| **Evoluzione** | วิวัฒนาการ |
| **Fatto** | ข้อเท็จจริง |
| **Fisica** | ฟิสิกส์ |
| **Fossile** | ฟอสซิล |
| **Gravità** | แรงโน้มถ่วง |
| **Ipotesi** | สมมติฐาน |
| **Metodo** | วิธี |
| **Minerali** | แร่ธาตุ |
| **Molecole** | โมเลกุล |
| **Natura** | ธรรมชาติ |
| **Organismo** | สิ่งมีชีวิต |
| **Osservazione** | การสังเกต |
| **Particelle** | อนุภาค |
| **Piante** | พืช |

## *Spezie*
เครื่องเทศ

| | |
|---|---|
| **Aglio** | กระเทียม |
| **Amaro** | ขม |
| **Anice** | โป๊ยกั๊ก |
| **Cannella** | อบเชย |
| **Cardamomo** | กระวาน |
| **Cipolla** | หัวหอม |
| **Coriandolo** | ผักชี |
| **Cumino** | ผงยี่หร่า |
| **Curcuma** | ขมิ้น |
| **Curry** | แกง |
| **Dolce** | หวาน |
| **Finocchio** | เม็ดยี่หร่า |
| **Liquirizia** | ชะเอมเทศ |
| **Noce Moscata** | นัทเม็ก |
| **Paprika** | ปาปริก้า |
| **Pepe** | พริกไทย |
| **Sale** | เกลือ |
| **Vaniglia** | วนิลา |
| **Zafferano** | หญ้าฝรั่น |
| **Zenzero** | ขิง |

## *Strumenti Musicali*
เครื่องดนตรี

| | |
|---|---|
| **Armonica** | ฮาร์โมนิก้า |
| **Arpa** | ฮาร์ป |
| **Bacchette** | ไม้ตีกลอง |
| **Banjo** | แบนโจ |
| **Chitarra** | กีตาร์ |
| **Clarinetto** | คลาริเน็ต |
| **Fagotto** | ปี่บาสซูน |
| **Flauto** | ขลุ่ย |
| **Gong** | ฆ้อง |
| **Mandolino** | แมนโดลิน |
| **Marimba** | มาริมบา |
| **Oboe** | โอโบ |
| **Pianoforte** | เปียโน |
| **Sassofono** | แซกโซโฟน |
| **Tamburello** | แทมบูรีน |
| **Tamburo** | กลอง |
| **Tromba** | แตร |
| **Trombone** | ทรอมโบน |
| **Violino** | ไวโอลิน |
| **Violoncello** | เชลโล |

## *Tecnologia*
เทคโนโลยี

| | |
|---|---|
| **Blog** | บล็อก |
| **Browser** | เบราว์เซอร์ |
| **Byte** | ไบต์ |
| **Computer** | คอมพิวเตอร์ |
| **Cursore** | เคอร์เซอร์ |
| **Dati** | ข้อมูล |
| **Digitale** | ดิจิทัล |
| **File** | ไฟล์ |
| **Font** | แบบอักษร |
| **Internet** | อินเทอร์เน็ต |
| **Messaggio** | ข้อความ |
| **Ricerca** | วิจัย |
| **Schermo** | หน้าจอ |
| **Sicurezza** | ความปลอดภัย |
| **Software** | ซอฟต์แวร์ |
| **Statistiche** | สถิติ |
| **Telecamera** | กล้อง |
| **Virtuale** | เสมือน |
| **Virus** | ไวรัส |

## *Tempo*
เวลา

| | |
|---|---|
| **Anno** | ปี |
| **Annuale** | ประจำปี |
| **Calendario** | ปฏิทิน |
| **Decennio** | ทศวรรษ |
| **Dopo** | หลังจาก |
| **Futuro** | อนาคต |
| **Giorno** | วัน |
| **Ieri** | เมื่อวาน |
| **Mattina** | เช้า |
| **Mese** | เดือน |
| **Mezzogiorno** | เที่ยง |
| **Minuto** | นาที |
| **Notte** | กลางคืน |
| **Oggi** | วันนี้ |
| **Ora** | ชั่วโมง |
| **Orologio** | นาฬิกา |
| **Presto** | ในไม่ช้า |
| **Prima** | ก่อน |
| **Secolo** | ศตวรรษ |
| **Settimana** | สัปดาห์ |

## *Tipi di Capelli*
ประเภทผม

| | |
|---|---|
| **Argento** | เงิน |
| **Asciutto** | แห้ง |
| **Bianco** | ขาว |
| **Biondo** | สีบลอนด์ |
| **Breve** | สั้น |
| **Calvo** | หัวล้าน |
| **Colorato** | สี |
| **Grigio** | สีเทา |
| **Intrecciato** | ถัก |
| **Liscio** | เรียบ |
| **Lungo** | ยาว |
| **Marrone** | สีน้ำตาล |
| **Morbido** | อ่อนนุ่ม |
| **Nero** | สีดำ |
| **Ondulato** | หยัก |
| **Riccio** | หยิก |
| **Sano** | แข็งแรง |
| **Sottile** | บาง |
| **Spessore** | หนา |
| **Trecce** | ถักเปีย |

## *Uccelli*
นก

| | |
|---|---|
| **Airone** | กระสา |
| **Anatra** | เป็ด |
| **Aquila** | อินทรี |
| **Cicogna** | นกกระสา |
| **Cigno** | หงส์ |
| **Cuculo** | นกกาเหว่า |
| **Falco** | เหยี่ยว |
| **Fenicottero** | ฟลามิงโก |
| **Gabbiano** | นางนวล |
| **Oca** | ห่าน |
| **Pappagallo** | นกแก้ว |
| **Passero** | กระจอก |
| **Pavone** | นกยูง |
| **Pellicano** | นกกระทุง |
| **Piccione** | นกพิราบ |
| **Pinguino** | เพนกวิน |
| **Pollo** | ไก่ |
| **Struzzo** | นกกระจอกเทศ |
| **Tucano** | ทูแคน |
| **Uovo** | ไข่ |

## Vacanze #2
### วันหยุด #2

| | |
|---|---|
| Aeroporto | สนามบิน |
| Destinazione | ปลายทาง |
| Foto | ภาพถ่าย |
| Hotel | โรงแรม |
| Isola | เกาะ |
| Mappa | แผนที่ |
| Mare | ทะเล |
| Montagne | ภูเขา |
| Prenotazioni | จอง |
| Ristorante | ร้านอาหาร |
| Spiaggia | ชายหาด |
| Straniero | ชาวต่างชาติ |
| Taxi | แท็กซี่ |
| Tempo Libero | เวลาว่าง |
| Tenda | เต็นท์ |
| Trasporto | การขนส่ง |
| Treno | รถไฟ |
| Vacanza | วันหยุด |
| Viaggio | การเดินทาง |
| Visto | วีซ่า |

## Veicoli
### ยานพาหนะ

| | |
|---|---|
| Aereo | เครื่องบิน |
| Ambulanza | รถพยาบาล |
| Auto | รถ |
| Autobus | รถเมล์ |
| Barca | เรือ |
| Bicicletta | จักรยาน |
| Camion | รถบรรทุก |
| Caravan | คาราวาน |
| Elicottero | เฮลิคอปเตอร์ |
| Metropolitana | รถไฟใต้ดิน |
| Motore | เครื่องยนต์ |
| Pneumatici | ยาง |
| Razzo | จรวด |
| Scooter | สกู๊ตเตอร์ |
| Sottomarino | เรือดำน้ำ |
| Taxi | แท็กซี่ |
| Traghetto | เรือข้ามฟาก |
| Trattore | รถแทรกเตอร์ |
| Treno | รถไฟ |
| Zattera | แพ |

## Verdure
### ผักสด

| | |
|---|---|
| Aglio | กระเทียม |
| Broccolo | บรอกโคลี |
| Carciofo | อาติโช๊ค |
| Carota | แครอท |
| Cetriolo | แตงกวา |
| Cipolla | หัวหอม |
| Fungo | เห็ด |
| Insalata | สลัด |
| Melanzana | มะเขือ |
| Patata | มันฝรั่ง |
| Pisello | ถั่ว |
| Pomodoro | มะเขือเทศ |
| Prezzemolo | ผักชีฝรั่ง |
| Rapa | หัวผักกาด |
| Ravanello | หัวไชเท้า |
| Scalogno | หอม |
| Sedano | ขึ้นฉ่าย |
| Spinaci | ผักโขม |
| Zenzero | ขิง |
| Zucca | ฟักทอง |

## Vestiti
### เสื้อผ้า

| | |
|---|---|
| Abito | ชุด |
| Braccialetto | สร้อยข้อมือ |
| Calzini | ถุงเท้า |
| Camicia | เสื้อ |
| Cappello | หมวก |
| Cappotto | เสื้อโค้ท |
| Cintura | เข็มขัด |
| Collana | สร้อยคอ |
| Giacca | แจ็คเก็ต |
| Gonna | กระโปรง |
| Grembiule | ผ้ากันเปื้อน |
| Guanti | ถุงมือ |
| Jeans | ยีนส์ |
| Maglione | เสื้อคลุม |
| Moda | แฟชั่น |
| Pantaloni | กางเกง |
| Pigiama | ชุดนอน |
| Sandali | รองเท้าแตะ |
| Scarpa | รองเท้า |
| Sciarpa | ผ้าพันคอ |

# Congratulazioni

**Ce l'hai fatta!**

Speriamo che questo libro vi sia piaciuto tanto quanto a noi è piaciuto concepirlo. Ci sforziamo di creare libri della più alta qualità possibile.
Questa edizione è progettata per fornire un apprendimento intelligente, di qualità e divertente!

Le è piaciuto questo libro?

-------

## Una Semplice Richiesta

Questi libri esistono grazie alle recensioni che pubblicate.

Puoi aiutarci lasciando una recensione
ora a questo link ?

BestBooksActivity.com/Recensioni50

# SFIDA FINALE!

## Sfida n°1

Sei pronto per il tuo gioco gratuito? Li usiamo sempre, ma non sono così facili da trovare - ecco i **Sinonimi!**

Scrivi 5 parole che hai trovato nei puzzle (n° 21, n° 36, n° 76) e prova a trovare 2 sinonimi per ogni parola.

*Scrivi 5 parole del* **Puzzle 21**

| Parole | Sinonimo 1 | Sinonimo 2 |
|--------|-----------|-----------|
|        |           |           |
|        |           |           |
|        |           |           |
|        |           |           |
|        |           |           |

*Scrivi 5 parole del* **Puzzle 36**

| Parole | Sinonimo 1 | Sinonimo 2 |
|--------|-----------|-----------|
|        |           |           |
|        |           |           |
|        |           |           |
|        |           |           |
|        |           |           |

*Scrivi 5 parole del* **Puzzle 76**

| Parole | Sinonimo 1 | Sinonimo 2 |
|--------|-----------|-----------|
|        |           |           |
|        |           |           |
|        |           |           |
|        |           |           |
|        |           |           |

# Sfida n°2

Ora che ti sei riscaldato, scrivi 5 parole che hai trovato nei puzzle n° 9, n° 17 e n° 25 e cerca di trovare 2 contrari per ogni parola. Quanti ne puoi trovare in 20 minuti?

*Scrivi 5 parole del* **Puzzle 9**

| Parole | Antonimo 1 | Antonimo 2 |
|--------|------------|------------|
|        |            |            |
|        |            |            |
|        |            |            |
|        |            |            |
|        |            |            |

*Scrivi 5 parole del* **Puzzle 17**

| Parole | Antonimo 1 | Antonimo 2 |
|--------|------------|------------|
|        |            |            |
|        |            |            |
|        |            |            |
|        |            |            |
|        |            |            |

*Scrivi 5 parole del* **Puzzle 25**

| Parole | Antonimo 1 | Antonimo 2 |
|--------|------------|------------|
|        |            |            |
|        |            |            |
|        |            |            |
|        |            |            |
|        |            |            |

# Sfida n°3

Grande! Questa sfida non è niente per te!

Pronto per la sfida finale? Scegli 10 parole che hai scoperto nei diversi puzzle e scrivile qui sotto.

| | |
|---|---|
| 1. | 6. |
| 2. | 7. |
| 3. | 8. |
| 4. | 9. |
| 5. | 10. |

Ora scrivi un testo pensando a una persona, un animale o un luogo che ti piace.

*Puoi usare l'ultima pagina di questo libro come bozza.*

## La tua composizione:

# TACCUINO:

# A PRESTO!

*Tutta la Squadra*

# SCOPRIRE GIOCHI GRATIS

## GO

↓

BESTACTIVITYBOOKS.COM/FREEGAMES